徳志

みらい PUBLISHING

目次

I　やりたいことのためにやらないことを決める

II 上を動かしたいときは、上の上を活用する

III お昼休憩は一人で過ごす

24 残業はしない。副業のススメ。 071

Ⅳ 目指すなら、嫌いなことをしない生き方

V 人にアドバイスしない

VI 人生にSNSは不要

プロローグ

なんで自己中で幸せになれるのだろう？
この本を手にとった方はそう感じているのではないでしょうか。
そして、私はその疑問にこう答えます。

〝**自己中だから幸せになれるのです**〟

ただの自己中では幸せに生きるって難しいです。なぜなら独りよがりの人生になってしまいがちだからです。しかし、そうならずに自分も他者も幸せにできる自己中の歩き方。そんなコツを書いています。

今の自分の生き方に疑問を持っていますか？
今まで妥協して生きてきましたか？

自分が正しいと思うこと、信じていることをあきらめていませんか？
それはあなたが望む生き方ですか？

自分が生きやすいようにするにはどうすればいいのか。自分が納得することってなんなのだろうか。周りの人が納得できても自分が納得できていない生き方に疑問を持っていました。私は人生で、自分の行動に反省はあっても少しも後悔したことはありません。なぜなら**すべて自分で納得して選んで生きてきた幸福な自己中だからです**。自分に嘘偽りなく、理屈をつけて妥協することはしませんでした。多くの人はみな、どこかでムリやり納得しようとしてしまいます。それが人間なのです。しかし、一部にはそのように考えない人がいます。それは何よりも自分を信じ、行動してきた人なのです。

どんな生き方をしてきましたか？
これからどのように生きたいですか？

ニート、フリーター、サラリーマン、起業、廃業、倒産、借金、転職、副業、農家、経営者、投資家、トレーダー、主夫、専業主夫、作家を20代後半までに経験しました。多くのお金を持つ経験も、お金がない経験もしました。さまざまな立場や役職、仕事を経験してきました。私は現在29歳ですが、同年代の人より少しだけ多くの経験をさせてもらってきました。その中のいくつかの局面で自分を曲げない選択をした結果、私が自分の人生から学んだ後悔しない生き方。そしてその都度、どのように選択してきたかをまとめました。一読すると変わった話が多いかもしれません。生き方に正解はないからです。そのため、信じるも信じないもどちらでも構いません。**どんな生き方も正解です**。しかし、本書でお伝えする選択基準がこれからの時代を生き抜くために役立つと私は信じています。

インターネットから多くの情報を取得することが容易になりました。そこでは、他人の意見や考えさえも知ることができます。だからこそ、自分を信じて自分なりの指針を持つことの大切さを身に染みて感じています。そうしなければ到底、自分らしく生きることなどできず、よく知りもしない他人のために時間を使ってしまうのです。

この本に書いたのは、成功できるできない、お金を稼げる稼げない、そういった話ではありません。**あなたがあなたらしく、みんなを幸せにできる自己中になる。**そして、究極的には生きてさえいれば何が起きても大丈夫だよということを、本書を通して感じてほしいのです。そんな勇気が出る本に仕上げたつもりです。こんなことしてもいいんだ、と。少しでも心がふわっとなったらうれしく思います。それが私が推奨するゆるふわな生き方です。

自分の判断を信じて生きることができていない、すべての人へ。私が書いた本があなたのより良い人生の一助になること、そして、あなたの心の世界を変えることを願って。

宗信徳志

I

やりたいことのために
やらないことを決める

1

やりたいことのためにやらないことを決める。

やりたいことはなかなか見つかりませんが、やりたくないことってたくさん見つかりませんか？

不思議ですよね（笑）。

電車で通勤したくない、お付き合いの飲み会に参加したくない。誰と一緒にいたい、いたくない。どんな仕事をしたい、したくない。どんな生き方をしたい、したくない。

意外とやっていない、「やらないことを決める」ということ。

時間も有限、できることも有限です。どうしても取捨選択していかなくてはなりません。では、やりたいことに集中するためにはどうするか。それは簡単です。**やらないことを決めることです**。私にはたくさんのやらないことを記した「やらないことリスト」があります。

あなたのやりたいこと、やりたくないことは何ですか？

それをすべて自分で決めることができるのです。大切なのは、何をしない人生にするか、ということです。

私は行きたい大学の受験勉強がしたくて、長年続けていたサッカーをやめました。好きでもない人とムリにお付き合いすることをやめました。やりたくない仕事は徹底的にやりません。人に任せたりします。

やることとやらないことを決めるのは、まさに人生の決断と言ってもいいかもしれません。その選択次第で、結果はまったく違うものになっていただろうと、今でも感じています。

そして今でも、やらないことをリストに追加しています。

ズルはどんどんしていこう。それは才能。

あなたのズルって他の人は真似できないんです。あなたなりのズルなのです。

ズルは悪いこと、と教わってきた人も多いと思うのですが、では誰にとって悪いことなのでしょうか……?

そうです、特にこれといった理由はないのです。

営業の人は、コンビニでサボるのも必要なんです。なぜならそうしなければ自分を保てないから。それは防衛反応です。思う存分サボってください。そしてサボり飽きたら仕事をすればいいんですよ。肩肘の張りすぎに注意しましょう。

私は学生の頃からズルばっかりしてきました。最強の時間効率を求めて、嫌いな科目は無勉強でカンニング。時間がムダだから興味のない体育祭には参加しない。興味が湧かない会には出席せず、学校を抜け出してＰＳＰのモンスターハンターにいそしんだり。この頃から楽して何かをするという思考でした（笑）。それは今でも変わらないかもしれません。

大学もセンター試験の結果が思ったより悪くて第一志望の大学に入れない判定が出ていました。もう勉強したくないし、何か他に入学する方法ないかな～、と探していたらなんと推薦枠があったのです。そして、たまたま面接で合格。ラッキー♪。

これって仕事でも同じだと私は思います。みんなが飲み会をしている間に、本を読んで勉強する。副業をする。それによって実績に、収入に、差が出るのは当たり前ですよね。仕事も勉強も同じ。効率よく結果を出して、効率よくサボる。これにつきます。そして**サボっているときに何をするかでさらに差がつきます**。私は毎月数回ほど風邪で会社を休んできました。もちろん風邪ではないのです。サボりです（笑）。それでいいのです。その時間をとても効率よく過ごせたので、次の日から意気揚々と出社して最高の仕事をやるだけなのですから。

もちろん人をおとしいれたり、法律に反することはしてはいけません。それでも積極的にズルをすればいいと思います。そして、自分の人生を謳歌しましょう。日本人は真面目すぎるので、もっと自分を労り、ときにはズルして楽をしよう。

3

大好きな人がいたら手放さない。

ストーカーはやらないでくださいね（笑）。紙一重なところがありますけれど。で、よくカップルにあるじゃないですか、お互いのことが好きだけど、お互いのために別れるって。私ね、本当にそれが理解できないんです。だって相手のことが好きなんでしょ？　だったら、どうすれば一緒に前に進めるかを考えた方がいいわけです。努力や思考が停止している可能性が高いわけです。方法はいくらでもあります。自分たちで解決できないなら調べたり相談したり、いくらでも方法があります。お互いの腑に落ちるところが必ずあります。あきらめちゃいけません。大丈夫、なんとかなります。人生うまくいくようにできています。自分を信じてみましょう。

私は今までたくさんの親友と疎遠になった経験があります。大切な人と疎遠になるのはつらいことですよね。何度もあのときをやり直したいと思い、パラレルワールドが存在するなら連れて行ってほしい。そう何回も何十回も望んだことがあります。

そして、失って気づいたことがあります。

「そうだ、大切な人とは疎遠にならないようにすればいいんだ」

なぜか人って、自分から連絡を取らないと疎遠になっていきますよね。そりゃそうですね。みんながみんな、相手から連絡が来るのを待っているわけですから。だったら自分から連絡すれば相手を離さずにすみます。私は自分が大好きな人には定期的に連絡をします。用はないけれど（笑）。物理的に会える人は会います。些細なことでも話しにいったりします。それでいいのです。

相手が自分のことを避けても、そんなことはどうでもいいのです。**自分が相手の**

ことを好きなら、まっすぐにぶつかるのみです。そうしないと、何年も何年も、下手したら死ぬまで引きずって後悔することになります。そうならないためにできることをやりましょう。

がむしゃらだっていいですし、泣いたっていいですし、土下座したっていいんです。一瞬の恐れや不安に打ち勝って、自分が望む未来を手に入れましょう。

4

好きな人の好きなことを好きになってみる。

他人の好きなことの話を聞かない人は多いものです。そもそも興味がないからですね。でもそれって、とっても損な生き方です。なぜなら自分の世界を狭めてしまっているからです。**私は人からオススメされたものは、なんでもやります**。オススメの本や映画があれば見るし、オススメのカフェや居酒屋があればすぐ行くし、オススメされたベンツを購入した経験もあります（笑）。

私は車が好きです。なぜかと言われるとわかりませんが、なぜだか好きなのです。車のことを好きになった理由は、父と、大学時代の友人が、車を好きだったからです。私もちょっと車の世界を覗いてみたら、車の細かいスペックのことはあまりわかりませんが、1カ月ほどで世界の車を覚えてしまいました（笑）。カップルがお互いの好きな曲を聞いて、その曲を好きになる。そんな感覚に近いのかもしれません。

父と友人の大好きなことが車だったので、私も車を大好きになりました。入口なんてそんなものですね。とりあえず偏見を持たずに、まずはその世界に飛び込んでみることをオススメします。オススメされたら、よっぽどじゃない限りやってみると世界が広がりますよ。結果として私は車が好きになって、新卒で車のディーラーで働くわけです。人生意外なところで変わっていきますよ。

I

5

噂を信じない。自分の目で見て事実を判断する。

すべての噂を気にしない。まあそれができればいちばんいいのですが、それができないときもあるわけです。

そういうときは、その噂を確認してみることをオススメします。多少手間がかかってもです。一度気になるとずっと気になってしまうのが人間です。さっさと片付けたほうが心にもいいです。

大学時代、親友と仲違いしそうになりました。独特の感性があって面白い人なのですが、その人が飲み会の席で私の悪口をいっているという噂が耳に入りました。驚きましたが、しかしその人は言葉足らずなところもあり、勘違いされやすいということを知っていました。

そこで、実際に会って真相を聞くことにしました。そうすると、何てことはない、誤解だったということがあります。まあ別に悪口を言われていても関係が変わることはなかったと思いますが、事実を確認できてよかったわけです。それ以来噂を信じることは全くありません。たいていは、**いろいろな人の主観や考えが入るので、事実とは異なる場合が多い**からです。事実であったとしても、次のアクションができるので、片付けておいたほうがいいですね。

6

実は仕事に選ばれている。

自分が仕事を選んでいるようで、実は仕事に選ばれているんです、という話です。

私はいろいろな仕事をしてきましたが、そのすべてが自分で選んだ仕事だとは思っていません。それは他責にしているという訳ではなく、そのように感じてきました。その都度自分にとって必要な仕事が目の前に現れました。では、必要な仕事とは何でしょうか？

それは**自分を成長させてくれて、人を幸せにできる仕事のこと**です。私はこのことをひしひしと感じています。

車の営業をしていたときも、自営業のときも、ITベンチャーのときも、なぜか自然の流れでやることが決まっていきます。今、あなたに、まさに必要な仕事をあなたはしているはずです。その事実に気づいたとき、あなたは仕事の捉え方が変わるかもしれません。

「なぜ自分なんだろう？」

それは、今のあなたに、必要だからです。

私は自分が挑戦したい仕事がいくつかありますが、現在もほとんど予期しない仕事をやっています。自分が株や為替トレードに興味を持つなんて想像もしていなかったし、自然とやるようになっていました。主夫として家事育児をこなしたり、海外にまで不動産やダイヤモンドを見に行くこともなかったことでしょう。仕事に呼ばれているという意識を持つと、自分が想像していなかった驚くような仕事ができるのです。

私の中では本を出版するというのはその象徴であり奇跡であり、通過点なのです。

与えられた仕事を淡々とこなす。そのときできる最善を尽くす。それが仕事に選ばれた人がやるべきことなのです。

7

試験にはなんの意味もない。試験の先を見据える。

学校でも社会でも、試験試験試験。みなさんなぜこんなに試験があるんだろうって疑問に思いますよね。そのときはまずは立ち止まることが大切です。なぜなら、その試験、あなたには不要かもしれないからです。

I

新入社員のころ、研修の最後に、実際の車を用いてお客さんに見立てた社員にセールストークをして、車の商談をするという試験がありました。私は昔から、この手の試験は大嫌いでした。それは一から十まで**「型」が決まっているから**です。なんの意味があるの……？　状態です。まずは、車のフロント、サイド、後部座席……、説明する順番とその内容、話すトークポイントが決まっています。カタログのここを説明する、とか。絶対現場でなんの役にも立たない……。しかし会社としては形式的にやらなければいけない事情もあるわけです。

車を購入する状況はお客さんによって、全く違うはずです。そもそも一から車の説明を聞きたい人は少ないわけです。今はネットですぐに調べることができる時代です。お客さんは、まずは調べてから来る人が大半だろうし、お客さんが知りたい情報だけ伝えることができればいいんじゃないか。容易に想像がつきます。

そのため、試験の勉強はほとんどしなかったので結果は悲惨なものでした。同期で最下位の採点でした。しかし半年後には私がトップセールスマンになるなんて誰も思ってもみなかったことでしょう。しかし私だけは自分がトップになると確信していました。なぜなら、みんなが試験の勉強をしている間に、**自分に必要な営業・言葉のスキ**

ル、人間心理、他社の車の現物を見に行って勉強していたのですから。

8

何よりもまずは直感を優先する。

私は直感人間と言っても過言ではないと思っています。なぜなら、ここまで自分の直感を信じて突き進んできたからです。だからどんな結果になろうとも後悔もないし、その結果を受け止めることができます。だから清々しい生き方なのかもしれません(笑)。

しかし、人に言われるがままに生きてきた人生ならどうだったでしょうか。それはそれは後悔の連続だっただろうと思います。

経験が多ければ多いほど直感力が優れていると思っています。**直感というのはあなたの経験の蓄積から生み出された産物**だからです。

そして直感を信じるということは、自分の心に素直であるということです。まるで子どものようですね。人間なぜか大人になると自分の感情に素直じゃなくなる人が多いですよね。何かと理由をつけて。それは周りや社会がそうさせているのかもしれません。しかし、それでは自分らしく生きることなんてできません。直感はあなたがあなたらしく生きることができる大切な感覚なのです。

よくこんなことはありませんか？

自分はこっちの方がいいと思っていたけれど、他の人にアドバイスされた方をやってみると失敗だった、なんて話。あるあるですね。この場合は、その失敗をアドバイスしてくれた人のせいにしてしまいがちです。しかしながら自分の直感を信じて、失敗したらどうですか？　自分で責任を取れそうじゃないですか？

直感は一瞬しか感じることができません。数秒後には忘れてしまいますよね。ですから、すぐに行動に移したりメモをすることが大切になります。まずは自分を信じてやってみましょう。その姿勢がよりよい人生の選択につながっていきます。

かの有名なアップル社創業者のスティーブ・ジョブズはこう言っています。

「心と直感に従う勇気を持ちなさい。それは、あなたのなりたいものが何なのか知ってい

るものだ。それ以外は、二の次でいい。」

直感を大切にしよう。それは**自分にとって必要なサイン**なのです。

II

上を動かしたいときは、上の上を活用する

9

どんな仕事でもお客さんは可愛い存在。

お客さんは可愛いのです。それはどんな仕事も共通です。見た目や声や文章など、外見の話ではありません。

お客さんの定義ですが、あなたからまたはあなたの会社から商品を買ってくれた人と思ってください。ここでは概念の話をしています。

困ったらあなたに連絡をくれる、あなたを信頼しているわけです。困ったのでどうすればいいですか？　って。可愛いですよね。優しく手を差し伸べたくなりますよね。

商品知識に関しては、あなたとお客さんではあなたの方が詳しいわけです。そうであれば極端な話、先生と生徒のような関係に思ってもいいかもしれませんね。あなたを頼りにしているのです。先生、ここ教えてください〜！　まるで教え子のように可愛いですね。**そんなお客さんを大切にしてほしい**と思います。私はこのように営業をしてきました。お客さんと普通に会話すればいいのです。お客さんは神様でもなければぞんざいに扱う存在でもないのです。

しかしながら、いろいろな業界を見ましたが、ひどい人が多くてびっくりしています。なんでそれで営業しているの？　と言いたくなります。確かに営業マンは実績を出さないといけません。しかしそれ以前に、人間であるのでお客さんが不利益を被らないように対処するのは当然のことだと思っています。しかし意外とそれができない人が多いのです。むしろわざと不利益を被るようにしている？　と感じることもありました。売るだけが仕事ではありません。少しでもお客さんの立場になればわかることでも、それを考える余裕すらないのかもしれません。

ほとんどのお客さんは**あなただからその商品を買っています**。まずはそれを理解しておく必要があります。他の誰でもなくあなたなのです。信頼されているのです。もちろん例外はあります。しかしながら、少なからずこの人から買いたいと思ってくれたわけなので、うれしいですよね。

II

お客さんのことを、目の敵にしている人やバカにしている営業マンは割と多いものです。しかしながら、あなたの給料はもともと誰が支払ってくれたものなのか？　そこを忘れてはいけないと思うのです。最低ラインとしてお客さんと普通に接することができる力は必要だと思っています。お客さんを守ってあげる力です。お客さんの味方をしてあげる力です。簡単に言うとお客さんに寄り添うことです。

どうせなら、自分のお客さん全員に、

「今困っていることはないですか？　すべて私にお任せください！」

それぐらい定期的に声がけをしてほしいものです。売るのは簡単です。すでにニーズがあるから欲しいわけなので、極端な話、誰でもできます。**本当の営業の仕事は売った後なのです**。そこに営業の力、人柄がすべて反映されるのです。

10

相手の立場に立って、いつも本音で話す。

上司によく言われた言葉です。なんども言われ続けたので、心に強く残っています。なんでもそうです。恋愛でも仕事でも人間関係でもそうです。

今では本音で話すのは当たり前だし、とても大事なことだと思っています。しかし、本音を言うにも言葉選びや伝え方はとても大事だと感じています。そうしないと全然違う伝わり方をしてしまいます。当時は自分の心で思っていることをあまり話しませんでした。

男性は言葉の数が少ない人が多いと感じています。だからこそ本音を話すことを意識しないと誤解が生じやすいのです。仕事もやりにくくなるし、どこかでその不満が爆発してしまうことがあるわけですね。ですから、自分の仕事をやりやすくするために本音で話すわけです。

ここで注意点があります。それは**本音をどんな言葉で相手に伝えるか**ということです。自分が思ったことをただ話すだけではほとんど相手に伝わりません。まずは相手の立場に立って、本音を話しましょう。

11

その困難はあなただけが乗り越えられる。

人によって遭遇する困難は違うわけですが、その困難はあなたにしか起こりません。そもそもなぜ起きたのでしょうか?

いろいろな理由があると思います。しかし、**あなたなら乗り越えられるからこそ、その問題が起きるのです**。

私の人生は困難だらけです。挑戦の数も相当多いので、失敗ばかり。

営業時代にとてつもない困難がありました。個人向け営業をしていたのですが、配属されてすぐに、2市、450人の顧客を担当することになりました。それは小規模店舗で、即戦力にならざるを得なかったからです。そして顧客人数も次第に増えていき、660人を担当するようになります。他の同期と比べると初っ端から数字が明らかに多かったのです。同期の顧客は30人ぐらいでした。そして、目標販売台数。私は月に4台。同期はまだ販売目標がありませんでした。ほかにも、いろいろな目標がはるかに多かったのです。さあどうしようか。結果をお話しすると、お客さんから信頼されるようになり、なんとか乗り切ることができました。

他にも部下にいじめられるという困難。月の目標額が4億という困難。採用した人が一気に辞めていく困難。借金3000万円を抱えるという困難などもありました。

しかしそれは、乗り越えることができるからこそ起きるのです。つまり、自分だけのギフトです。そう考えたらうれしいですよね、自分だけにですよ。ワクワクしてきませんか？　どうやって乗り越えようかな。立ち向かうのか、横から抜け道を探すか、一旦待ってみるか。実は壁が砂でできていて、自分の身長より低いかも。いろいろな妄想をして、作戦を立てます。まるでゲームみたいです。困難が現れたらこう心で唱えてみましょう。

どうやってこのゲームを攻略しようかな？

12

今結果が出ないのは、結果が出ている時期にサボったから。

「売れる時期と売れない時期が必ず来る。それにはサイクルがある。特に売れない時期。そんなとき、どうするのか、そうならないようにどうするのかが大事だぞ」

営業時代に最初に上司に言われた言葉です。このときは営業に関してですが、いろいろ検証してみてすべてに当てはまると思いました。仕事、会社経営、人生、人間関係、夫婦関係。すべてに波があり、サイクルがあります。必ず浮き沈みがあるのです。なぜ沈むのか。それは**浮いているときに次の手を打つのをサボったから**です。次の手を打っておかなければなりません。

会社経営であれば、お金があるとき（浮いているとき）にどんどん使ってしまって、必要なとき（沈んでいるとき）に支払いができないなど。つまり沈んだときの想定を常にしておいてどうするのかを考えないといけないわけです。現金には手をつけず、新規事業への投資や強引な節税をやめてみる。簡単にいうと、リスクヘッジに、近いのかもしれません。

そして、沈んでいるときにどうするかですが、沈んでいるときにあがいても遅いわけです。ジタバタせずに焦らずに、**普段通り次の手を淡々と打ち続ける**のがベストです。言葉で言うのは簡単ですが、やってみるときはしっかり考えないといけません。

ここで自分が試されるのです。この方法で自分はいいんだろうか。今のやり方でいいんだろうか。そう思ったら素直に上司に聞いてみる。勉強する。挑戦するのみですね。待っていても何も起こりません。逆に半年後には、その差が実績として現れてくるのです。

13

弱きを助け、強きに立ち向かう。

強い人は放っておいても大丈夫です。強い人というのは自分よりも他者への影響力や権力がある人のことです（以後、強い人とします）。ちなみに彼ら彼女らに媚びを売る必要は皆無です。うまく活用しましょう。そういった人よりも弱い人を助けましょう。例えば、子どもたちや妊婦さん、老人、後輩、困っている人、そのとき心が弱っている人（以後、弱い人とします）。

私の知り合いにはこんな人たちもいます。障害がある人、学校でいじめられていた人、会社で理不尽な目に遭った人、自殺しそうだった人、どうしても私が放って置けなくて声をかけた人たちです。そして私の会社では、社員の90％に女性を採用していました。主に主婦で、たまに学生などです。いまだに社会的立場が弱い女性。だからこそ、社会的な居場所を提供したかったのです。男性はなんとでもなります、生きてさえいれば。

そして**立ち向かうなら自分より強い人**です。がんがん立ち向かいましょう。ケンカもいいし、礼節を持って言いたいことを正直に言っても大丈夫です。**間違っても弱い人に立ち向かってはいけません**。それはもはや、いじめ、と同じなのです。

14

上を動かしたいときは、上の上を活用する。

絶大な効果があるので、困ったことがあったらぜひやってみてください。私はいまだに多用しています。これだけでスッキリするし、自分が生きやすくなるのでオススメです。自分より立場や影響力のある人をどんどん活用していきましょう。

私の例をいくつか。昔どうしても反りが合わない主任がいました。よくケンカをしたものです。そして、どうしても許せない行動がありました。それはもう1人の女性の先輩営業を怒鳴って泣かせていたことです。なんとその女性は妊婦さんだったのです。

少し調べればわかることですが、妊婦さんは普段よりもいっそう繊細になるし、心の状態がお腹の子にも、影響します。ストレスで流産になることもあります。人間という観点から考えた場合、子孫を残す方が仕事よりよっぽど大事だと個人的には思います。なので、妊婦さんはわざわざ家事も仕事もせず、家でゆっくりしていればいいと思うわけですね。

少し話がそれましたが、主任は毎日毎日その先輩を怒鳴っていました。そして私はある日キレました。そして主任と大ゲンカをしました。主任はごみ箱を思いっきり蹴って、壁を殴ったり恐喝してきたりしました。パワハラとモラハラですよね。今の私だったら普通に訴えていたと思います。そして私はここで秘策を使うわけです。主任がいる部門のトップである次長に電話して、すべてを話したのです。

すると次長は、「ごめんな〜宗信君。大丈夫だったか？　いろいろ検討してみるな」と、とてもやさしい対応でした。

そして主任は、課長からも次長からも怒られたのでしょう。すっかり丸くなりました。私が退職した後に、主任は降格させられて異動になったようです。はースッキリ！最高！

昔、市役所の人に嫌がらせをされたときも、市長の秘書室に電話してすべて話して解決したことがあります。ですので、悩んでいないでさっさと**解決できる人と話すこ**

とをオススメします。1つだけコツがあります。それは、自分だと知られないようにこっそり行うことです（笑）。

15

感情表現豊かに働こう。

生きていく上で人間らしさ、というのは魅力です。その人間らしさを出すには、感情表現豊かでいることです。

楽しいときは笑顔で、泣きたいときは泣けばいいと思っています。しかし、怒りだけはうまくコントロールする必要があります。なぜなら怒りだけはうまく付き合わないと、言いたいことがうまく伝わらないし、簡単に人間関係が壊れてしまうからです。賢く怒りを使う必要があります。感情表現豊かに働くことはメリットしかありません。相手に自分の今の気持ちをわかってもらえます。そして何より健康的です（笑）。そうですよね、我慢をしないわけですからね。とても健康的に働けるわけです。

それにその方が人生楽しいです。自分の感情を殺して生きる人生なんて全く楽しくありませんよね。それは我慢の人生と言っても過言ではありません。自分を不幸にする行為です。

いろいろな本に、遊ぶように仕事をしようと書いてあります。その本質は感情表現豊かに働こうということなのです。なぜならいきなり遊ぶように仕事ができるわけではありません。ムリなんですよね。そもそも自分の感情を表に出せていないわけですからね。**感情表現豊かになってやっと遊ぶように仕事ができるのです**。まずは訓練です。少しずつでいいので、やってみるのがいいですよ。とりあえず明日は笑顔で生活をしてみましょう。

16

実績は計画と実現性がすべて。

計画と実現性を持って仕事をすると、とても効率的に実績をあげることができます。

営業時代のことです。こんな一言から始まりました。

「営業ってさ、車売るのがメインだろ。だったら車販活動にその月集中できるように、早めに整備の目標を達成しておいた方がいいんじゃないか?」

車の営業は、実は車を販売するだけでなく、整備の目標というのもあります。車の整備工場が暇にならないように仕事を取ってこなければなりません。そしてそれも毎月目標があるのです。素直な私はどうすれば実現できるかを考え始めました。そして実践することにしました。意識したことは、整備の目標をめちゃめちゃ早く達成させることです。

大体のイメージですが、毎月、車の半年点検30台、1年点検15台、車検30台ほどを入庫させるのが目標だとします。私の獲得する目標はこれぐらいでした。

いつも整備の予約は月初からお客さんに連絡して、予約をもらっていました。○○さんの車、点検時期です、という具合に。そのため月の第1週目は、工場が暇になることが多かったのです。そこをうまくカバーできれば問題ないと思いました。

例えば、10月に点検や車検の対象のお客さんがいるとします。その場合、従来はその月に入ってからお客さんにアプローチしていました。しかし、それを9月20日からアプローチをするようにしたのです。そうすることで、10月の月初から工場の予約を埋めることができました。このようにして、早く目標を達成させることにこだわりました。点検・車検を前倒しして予約を入れまくりました。ときには訪問し、ときには電話をしながら。

その際注意した点は、お客さんとの関係を考慮しながら進めることです。例えば、すでに仲良くなったお客さんであれば、メッセージや電話で簡単に予約が取れてしまいますが、まだ直接会ったことがないお客さんは、なるべく訪問で会って挨拶してから、予約をもらったりしていました。

するとどうでしょう。意識し始めてからすぐに結果が出始めました。まだ9月なのに、10月の整備目標が80％達成されるようになっていました。そして10月も同様に、11月対象の人に対して、10月20日からアプローチしました。そうすると、まだ10月なのに11月の整備目標が、１２０％達成するという現象が起きていました。きっかけをちょっと変更するだけで、大きく結果が変わることがわかりました。今でもそうで、計画を立てて前倒しで終わるようにしています。**計画と実現性はセットなのです。2つがそろうことで初めて実績になるのです。**

17

勢いには乗って乗って乗りまくる。

乗れるときには乗ったほうがいいです。自然の流れで乗れるときは乗るのがベストです。

営業を始めて半年のことです。計画を練り、地道に仕事をこなしていました。そして、年明けの1月、多くのお客さんから車が欲しいと声がかかって売りに売りまくりました。途中から自分で処理できないぐらいでしたが、すべて対応していきました。1日に商談5件という日もあったぐらいです。細かいことは販売した後に、お客さんと一緒に考えよう。とりあえず勢いを落とさないようにしました。

そしてその月は、1か月に、10台納車、15台販売していました。繁忙期や運も重なってすごいことになっていました。15台は店舗の新記録。社内でナンバー1の成績でした。

ネット通販で独立してからもそうでした。売れる日は売って売って1日で200万円ほど稼いだ日もあるほどです。

仕事には波があります。売れる日は自然と売れていきます。その日は**流れを止めないように、淡々とこなしていきましょう**。その一方で頭は冷静にしておく必要があります。どうしても興奮して、俯瞰的に自分を見るのが難しくなりがちですからね。

調子が良いときはとにかく勢いを落とさないように、自分で限界を作らないようにしましょう。これ以上は自分では処理しきれないな、と思っても、勢いを止めなくて

II

大丈夫です。そんな頑張っているあなたをみて、周りが必ず助けてくれます。大丈夫です。勢いに乗って乗って乗りまくって、いけるところまで。そして最高の結果を残しましょう。

18

社内でトップの成績になってから退職する。

まずは今の会社を辞めるか辞めないのかを考えましょう。どうしても合わないなら辞める、それ以外の場合は、今お世話になっている会社で最高の成績を残すことです。それ以外考える必要はありません。副業はその後考えましょう。

副業で結果を残すことは容易ではありません。なぜなら自分でビジネスをしたことがない人が、初めて参入するわけですからハードルが少し高いのです。それこそ本業かそれ以上に取り組まなければなかなか結果を残すことはできません。そのためバイタリティや心のゆとり、自信も大切になってきます。副業だからといって簡単ではなく、れっきとした仕事だということを覚えておいてほしいです。

本業で最高の成績を残すことは、お世話になっている会社への恩返しでもあり、次へのステップへ進むための自信にもなります。まずはいつもより1件だけでも多く売れるように頑張ってみる。そんな些細なことから始めてもいいのかもしれません。

私は社内で成績トップになってから退職することにしました。私の中では3年を見越していたのですが、半年でトップになってしまったので予定より早く退職したのです。そして結果を出すことへの自信もついて、大学の頃から起業したいと思っていたこともあり、さっさと起業しました。

そしてこれがいちばんベストな退職の仕方だと思っています。

一つ結果を出してから次へ行く。こうして経験を積むことが20代では特に大切だと感じています。何より、経験を積んで自信と実力を身につけることが大切です。そうすればどんな仕事でもこなすことができると、今では思います。

II

退職するときは、先輩が涙を流してくれたり、アルバムを作ってくれたりして辞めるのを惜しんでくれました。先輩からは、

「辞めんといてくれや、お前ほど営業頑張ってるやつおらんぞ」

とまで言ってくれてうれしかったです。手を抜かずに仕事をやってよかったと思いました。

「宗信くんはいつか辞めると思っていたよ。だって、他の人と働き方が違ったからね」と、先輩が教えてくれたのでした。

まずは最高の結果を出す。それからそのまま働くのもいいし、退職するのもいいし、副業するのもいいですね。退職するならベストなタイミングだとも思います。成長を望む人は次のステップへ進んでもいいよという神様からの合図なのかもしれません。焦らずじっくり決めましょう。どんな選択でもそれが正解なのです。

お世話になった会社には退職後も恩返しをしよう。

よほどつらいことやひどいことがない限りお世話になった会社には恩返ししたいものです。お給料をもらって、生活したり家族を養ったりするわけですからね。そして何よりみなさんを必要として、採用してくれたわけです。ありがたい話ですよね。人から必要とされるって幸せです。

私は車のディーラーもIT企業も退職しました。

車のディーラーのときは、自己実現のために。IT企業のときは、違法な仕事はしたくなかったからです。

恩があるなら退職せずに勤めたほうがいいのではないですか？　という意見がある

かもしれませんが、それは人それぞれです。私は、自己実現の方が勤めるよりはるかに大事なので、はじめから、勤めずに恩を返そうという考えなのです。勤めなくてもいくらでも方法はあります。

車の営業のときは退職してから１カ月ほど自主的に会社に足を運びました。理由は、営業の引き継ぎでした。２市６６０組の顧客を担当していました。そのため、顧客数が多いので退職までに次の担当になる営業マンを連れて全員に挨拶に伺うことができませんでした。お客さんは営業マンが変わることで必ず困惑します。車を買ってくれた人の中には、私を信頼して買ってくれた人が大半なわけですから。営業マンが変わることで、同業他社へ乗り換えることがあるので、それを最小限に食い止めたかったのです。

それは今まで、給料をもらってご飯を食べさせてもらったり、育ててもらったり、迷惑をかけたり……思い出いっぱいのお世話になった会社への私なりのけじめでした。引き継ぎに１カ月ほどかかりましたがすべて自分の責任で動いていました。

引き継ぎ挨拶をすると、今後どうしていくか心配して聞いてくれる人がほとんどでした。そりゃそうですよね。餞別にお菓子やコーヒー、野菜などもくれる人もいました。どうしてお客さんたちはこんなに優しくて可愛らしいのか……。お世話になった会社やお客さんには感謝を忘れずに、隙あらば恩返ししようと思いました。

それ以来、退職のときは自分ができることでいいからしっかりとやりきって退職しています。そしてその後も良好な関係を築いていています。今でも、退職した会社の方とお付き合いがありますし、当時のお客さんとも交流があります。一緒にランチに行ったり、ご自宅に上がったり、一緒に飲みに行ったり。小さなことでいいので、やってみることが大切です。今の時代、簡単に連絡が取れますからね。

退職のときは自分ができることでいいからやりきって退職しましょう。それが、お世話になった会社にできる最高の恩返しです。

II

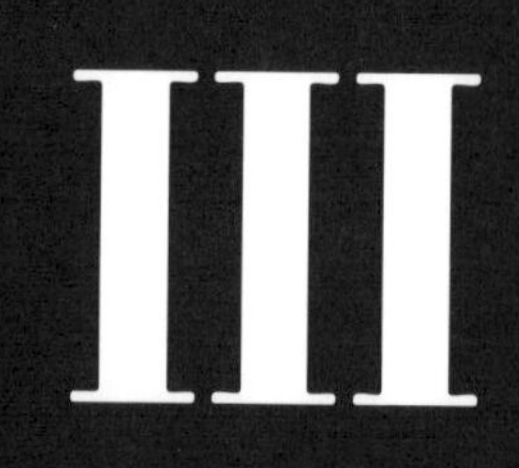

お昼休憩は一人で過ごす

ネットワークビジネスに手を出しても百害あって一利なし。

昔の友人からいきなり連絡がきたと思ったら、ネットワークビジネスの勧誘だった……。

社会人になると何度も耳にするネットワークビジネス。勧誘されたり、やってみたことがある人も結構多いのではないでしょうか。

インターネットビジネスとネットワークビジネスって、言葉は似てるけれど意味合いは全然違います。インターネットビジネスとは、パソコン1台でできるビジネスのことです。最近ではノマドワーカーが増えてきましたよね。ブログ、ネット通販、ITビジネス、コンサル、アフィリエイト、FXなどいろいろな種類があります。ネットビジネスと略されることもあります。ネットワークビジネスとは、「マルチ・レベル・マーケティング」のことです。詳しくは調べてみてくださいね、ここでは割愛します。そして、やるならインターネットビジネスです。

ネットワークビジネスって、とにかくやるべきではないということを知っておいてほしいのです。自分で会社を経営していると、この手の話は枚挙にいとまがないのです。いいビジネスだなと思ってもいざ蓋をあけるとネットワークビジネスだった、なんてことが多々あるのです。そして、それに取り組んだ知り合いで幸せになった人は見たことがありません。ビジネスの性質上、簡単には儲かりません。99%の人が儲からない仕組みになっているので、これで生活していこうとか、楽して儲けようとか考えないほうがいいです。じゃあ誰が儲かるのでしょうか？　それはもちろん、ネットワークビジネスを広める側、仕掛ける側です。

〝楽して稼げる〟と謳っているビジネスにろくなものはないです。ネットワークビジネスを素人がやっていて稼いでいる人を見たことがありません。もちろんトップの層は儲かっている話は聞きました。この本を読んでくださる賢明な読者の方には特に、時間やお金をムダにしてほしくありません。だから何かビジネスを始める際は、**光と**

闇の部分をしっかりと調べて理解してから取り組んでほしいのです。軽い気持ちでネットワークビジネスを始めると何もいいことがないのです。お金と時間を浪費するだけです。もっと楽しく、あなたに合った仕事は世の中にたくさんあるのです。楽をしたいからといって、ネットワークビジネスを始めるのだけはやめましょう。なぜなら、稼ごうと思ったら、本業と同じ時間と労力をかけないと、稼ぐことはできないのですから。

21

信念に反する仕事をさせられそうになったら退職する。

世の中、理不尽なこともありますよね。その中でも、誰がどう見てもやっちゃいけない仕事があるわけです。

私がIT企業で働いていたときのことです。取締役と統括部長と一緒に、どうすれば目標を達成できるか日夜奮闘していました。東京に行ったり、大阪に行ったり、全国を飛び回っていました。。目標は月間売上4億円。日夜奮闘し、月間目標まで残り1000万円というところまでこぎつけました。自分達と部下250人の給料を捻出するため、どうすれば達成できるのか。よく作戦会議をしていました。特にこの頃、大阪での新会社の立ち上げでバタバタしていたこともあり、とても慌ただしかったのを覚えています。

ある日、上司から目標を達成するためのとある指示がありました。最初その指示があったときは、お、確かに目標が達成できるぞ、と素直に思いました。

しかし私は気づきました。それは、暗に悪いことをして売上1000万円を作ろうということでした。そしてすぐに私は、やるべきではないと上司に伝えました。しかし、上司はなかなかやめようとしてくれませんでした。なにせ他の数社も巻き込んで行う取り組みだったからです。後には引けない気持ちもわかりました。それでも私はお断りしました。今ならまだ中止できるし、間に合うからです。しかも何より、法律に反しているからです。そしてそれは私の正義・信念にも反しているからです。自分の信念を曲げてまで仕事をする意味が理解できなかったのです。それは今でもそうです。

なぜなら**信念＝仕事そのもの**だと、私は考えているからです。どういう思いで仕事をするのか。上司にとって仕事とは、どんな手段を使ってでも目標を達成することだったのでしょう。その気持ちは私にもわかります。しかし、私も譲ることはできませんでした。

そしてその日、上司と言い争いをしてこう伝えました。

「この業務をやるなら私は会社を辞めます。明日から出社もしません」

知ってしまった以上、そのモヤモヤを抱えて働くことはできません。

そして、出社しなくなりました。その他の自分のやるべきことは1カ月徹底的に取り組もうと決めて、今ある業務や、引き継ぎはこなしました。お世話になった会社になるべく迷惑をかけたくなかったからです。

なぜ退職をしたのか？　とよく質問されます。

恐かったことが理由ではありません。これからどうするのか。なんとでもなるし、職はいくらでもあると思っていました。それよりも自分の正義に反するから。私の仕事観に反するから。**そんなことをして稼いだお金で、家族とご飯を食べるのが嫌だったか**ら。もちろんお金を稼ぐこと自体は何も悪くはないのです。大きな会社の管理職であり、ある程度の給与もありました。それでも私は退職の道を選びました。何より自分が胸を張って生きる人生を選択したかったのです。働いていれば理不尽なこともおかしなこともあります。でも、黙って見ているのが果たして正解なのか？　今一度考える必要があります。自分の信念に反する場合、その事実と向き合って答えを出していきましょう。ベストな選択はなんなのか。そのまま働くのも退職するもその人の自由なのです。しかし、どうせなら後悔のない、胸を張って生きることができる道を選択しましょう。

22

みんなが言いにくいことこそ声を大にして言おう。

大声で叫ぶという意味ではありません（笑）。みなさんが感じた理不尽は、多くの人が感じていることなのです。だからこそ、言葉にして伝える必要があると私は思います。

私は、その後IT企業に出社しなくなったわけですが、すぐに人事部長から電話がかかってきました。引き止められるのが嫌だったので電話に出たくありませんでした。しかし、人事部長にはとてもよくしてもらっていたので出ることとしました。感謝を言えればいいや、ぐらいに思っていました。24歳だった若造の私を、管理職のポストにつけてくれたこと。すぐに副社長に会わせてくれたこと。営業部と経理部どっちがいい？　と聞かれて、経理部と私は答えたのに、事業部に配属されたこと（笑）。そして事のあらましをすべて説明しました。こう提案されました。

「もっといいポストと給料を用意するから戻ってきてくれないかな？」

全然私の言ったことが伝わってなかったな、と思い正直にこう伝えました。

「私は、法律に反するようなことをして出した利益でご飯を食べていくことはできません。もちろん家族にも食べさせられません。そして、そのお金は、従業員、会社、社会、さらには食べ物に循環しています。私にはそれが耐えられません。それで頂いたお給料で家族にご飯を食べさせることができないのです」

もちろん、お金自体は何も悪くありません。お金を扱う人間がどう感じるか。単純な話です。

会社へ行き、PC返却と退職の話をしに労務課に少しだけ顔を出しました。そして、たまたま何人か知り合いに会いこう言われました。

「よー侍！」「やるなー侍！」なぜか侍と呼ばれていました（笑）。

どうやら今回の事件が社内で広まっているらしく、「侍」と讃えられていたようでした。

III

「会社始まって以来だぞ。そんなかっこいい辞めた方したやつは」「宗さんすごいよ、僕なら上司の言いなりになっていたよ」「スカッとしたよ、どこで仕事しても大丈夫だね」

当の私は変な噂が広がってるんだろうな〜と思っていたので、逆に驚きでした。そしてよくよく聞いてみると、他の社員も私と同じ葛藤を抱えながら業務をしていたことがあるようでした。だから褒めてくれる人がいるのかと。そしてこんなチャットがとある上司から届いていました。

「こんなことで辞めたら、社会でやっていけないよ。どの会社でも当たり前にやっていることだよ。まあ次、頑張って」

どの会社でも当たり前……？　いや、そんなことはないだろう。そんな会社ばかりではないはずだ。もちろん悪いことをやっている会社もあるのは事実です。でも、すべてではない。そして思いました。たとえ、社会がどうあろうと。私は、自分が悪くないと思った選択、**後悔しない選択をしていこう**と誓いました。そして、妻や子どもたちを大切にして守り抜こうと。気持ちを新たに働こうと。

後日談。私が辞める原因になった業務ですが、中止になっていたようです。それだけでも私が辞める意味があったと思います。なぜなら間違いなくその会社にとってメリットしかないからです。世の中にもっと現代の「侍」が増えてほしいと思いました。自分が後悔しない働き方をする。きっとそれは、自分だけでなく、周りの人や社会をも後悔させない方法です。みんなが言いにくいことこそ声を大にして言いましょう。周りからどう言われようと気にしないでおこう。自分の選択を信じて、突き進もう。

23

お昼休憩は一人で過ごす。

私はサラリーマン時代、お昼は一人で過ごしていました。なぜならメリットしかないからです。本当の意味での休息に充てていました。

私の1時間のお昼休みと言えば、

・妻や子どもたちと電話しながらご飯を食べる
・オーディオブックを聴きながらご飯を食べる
・寝る

このどれかです。たまには例外もありますが基本的には一人です。妻や子どもたちと電話するときは、私が元気になれるので電話していたこともありますが、やっぱり話したかったのです。妻と子どもが大切だから。些細な様子や変化を知りたかったのです。たわいもない話や、日々の子どもの変化を知ること。それが私の幸福なのです。それ以外は、自己成長のためか、休息か、です。自分のやりたいことに集中した結果ですね。

お昼ご飯は、妻が作ってくれたお弁当かコンビニで買うかでした。

その頃から、**時間＝命**である、と思っていました。『覚悟の磨き方 超訳 吉田松陰』（サンクチュアリ出版）を読んだからです。人間は常に死に向かっているから、何に時間を費やすかがすべてであると今も思っています。

わざわざ会社の人とお昼を過ごす必要はないのです。**会社の人と友好な関係を築くの**

であれば、仕事中に育めば十分なのです。それよりも、午後からも仕事で最高のパフォーマンスを出すために、自分の心や健康を整えるのがベストだと思います。

お昼休憩をどのように過ごすかだけで、他の人と差がついてしまいます。お昼休憩が1時間だとして、その内30分を毎日勉強に充てたらどうなるでしょうか？　年間200日勤務だとすると100時間も勉強の時間にあてることができるわけです。これってすごいことですよね。差が出てしまうわけです。だからこそお昼休憩は一人で過ごしましょう。好きなことや勉強の時間に充てましょう。

24

残業はしない。副業のススメ。

その残業は誰のためにするのでしょうか？　自分のためでしょうか？　会社のためでしょうか？

私は残業ほど自分の人生にとってムダなものはないと思っています。メリットはありません。そのため、仕事を定時で切り上げるようにしていました。まれにどうしても仕事が終わらないときは、家に持ち帰って、子どもたちを寝かしつけた後にやっていました。社内の人とはほとんどお酒を飲みにいきませんでした、なぜならそれも残業の一種だと思っているからです。心が許せるメンバーのときだけ個別に集まって飲む程度。多くて月1回です。

社会に出てからというもの、**サラリーマンのときは必ず副業をしていました**。基本的には自宅にいてインターネットでできることです。それには理由があります。肉体労働だと稼げる金額に限界があるし、人と会うのが得意でもなく、体力がそれほどあるわけではないし、頭を使う仕事の方が性に合っていると思っていたからです。書いていて悲しくなってきました（笑）。そして何よりも**起業する気持ち**があったからです。

最初はこんな副業をしたことがあります。

私が気になる本、主にリトルプレス（個人が書いた、流通に乗っていない本）をネットで調べて、取り扱っている会社から取り寄せてネットで販売したことがあります。全部で10社ぐらいと契約して、仕入れてネットで販売していました。基本的には委託販売で、売上の30%を手数料としてもらっていました。1000円の本だったら、手数料300円をもらって、残りを委託元に振り込んでいました。今思うと、なかなか儲からないところに手を出していたな〜と思います。単価が安すぎてやっていけないですね（笑）。出版社もやりたいと思い、当時、私と妻と友人の3人で1冊リトルプレスを作って販売していた時代もありました。このようにして気になる事業は片っ端からやりました。副業が趣味みたいになってますね（笑）。副業だからこそ、自営業ほどリスクもないし、挑戦し放題なわけです。

でもこれが楽しいのです。会社で仕事をした後、家では自分の事業に取り組む。副業が本業です、っと言っていた時期もあります。それぐらい真剣にやってました。その結果、スキルや知識もつき、人脈も増え、副収入もあり、いいことづくめ。

残業していたら今の私はありません。残業をやめたからこそ、睡眠時間も増えて元気に出社できましたし、勉強する時間が増えたからこそ実績もついてきた。副業の時間ができたからこそ今の自由な生き方があるわけです。そしてこの**いい循環ができるからこそ、時間内に仕事を終わらせることができる**ので、残業する必要がなくなるのです。だからこそいますぐ残業をやめましょう。新たな一歩を踏み出すために。

III

25

実績より人柄。

世の中、実績実績って、私はうんざりです（笑）。

人を実績でしか判断できない社会人ばかりの、こんな社会を変えたいと思っていた時期があります。そういった人は実績を出せばすぐに黙るので、それはそれでいいのかもしれないと思っていたこともありました。もちろん実績で判断するという一側面は大切です。しかし、それがその人のすべてではありません。なぜなら、実績があるからといって、人間性とは別の話だからです。

ですから、実績でしかその人を判断しないような人とは関わらないことをオススメします。その人は、お金や地位であなたを見ている可能性が高いからです。私もようやく月収100万円を超えたぐらいでSNSで情報発信を始めたとき、大して付き合ったことのない同級生たちから何人も連絡がきました。何をして稼いでいるのか教えて欲しいとか、こんなビジネスがあるんだけど一緒にやらないか？　など。つまり、私ではなくお金や実績で判断されるわけです。興味を持ってもらう分にはいいのですが、露骨すぎて悲しくなるほどです（笑）。私はそれが嫌でした。なぜなら私だから、連絡したということではないと思っているからです。他の誰でもいいんじゃないかと思ってしまうからです。ビジネスと割り切ればもちろん仲良くできますが、お互いにその関係で長続きするとは到底思えないし、経験上お互いのためにならないことをわかっています。

実績がなくても立場や役職がその人を育てることもある、と私は思っています。

私は人を雇うとき、1にも2にも人柄を重視します。簡単にいうと性格がいいかどうかです。性格がいいというのは簡単に書くと、誠実で人に優しいかどうかです。誠実であれば素直に勤勉に取り組みます。優しい人は、自分の結果のために他の人に嫌な思いをさせませんし、仲間とチームプレーができます。細かく見れば他にもありますが、大枠は誠実で人に優しいかどうかです。とにかく人柄なのです。実績は重視していません。

世の中の多くの人は実績や肩書きにこだわります。もちろんあるに越したことはあ

III

りません。実績でしか人を判断しないのは時代遅れだと思っています。なぜなら、**人柄次第で実績を作ることも可能**だからです。そのため、いろいろな役職や仕事を任せたりします。そして、役職が人を育てることもあります。その役職に似合う自分になろうと努力してくれる人もいるのです。

人柄がいい人は、他人が放っておきません。自然と地位が上がっていきます。

26

好奇心からすべての成功が始まる。

好奇心は人生を楽しくする秘訣だと思っています。

いつものように副業をしていたときに、ネットサーフィンをしていました。とあるネット広告を見つけ、クリックしてホームページを見てみると、面白そうで稼げそうな気配があったので学びたいと思いました。好奇心旺盛な私は、すぐになんでもやってみたくなります（笑）。

　ちょうどセミナーを全国で開催しており、運も味方しているなと思い、セミナーに参加することにしました。セミナーは和やかな雰囲気で進行し、どんなふうにして取り組んでいくのかを説明してくれました。稼げる臭いも怪しい臭いもプンプンする。もちろん違法だったら、帰るつもりでしたが意外とまっとうそうなビジネス。何より、偏見を持たずに、とりあえずやってみることが大事だ。ということで、そのままスクールに入りました。それがネット通販のスクールでした。

　スクールが始まると、基本的にはオンラインでの教材を勉強しながら、月1回の勉強会と懇親会に参加していました。それらは、東京と大阪で行われていましたが、どちらも行くようにしていました。ほとんどすべてのイベントに参加しました。

「なぜ両方とも行くんですか？」

と、当時のスクール仲間に聞かれたことがあります。いちばんの理由は楽しいし行きたいから、です。それまで自営業をしてきて、話したり、気の合う仲間はほんとんどいませんでした。自営業で仕事のことを共有できる仲間の存在のありがたさを身にしみて感じていました。だから、とにかく楽しかったのです。スクール参加者は200

人ほど。その大半が全国から、1カ所に集まってきます。普段なかなか出会えないような人と会えるわけです。男女年齢を問わず、いろいろな人と知り合いになれて一緒にご飯を食べて勉強して。とても楽しく、知り合いも増えてうれしかったです。

そしてこのビジネスで少しずつ結果が出て、セミナーをしたりスクールを開催したりするようになっていきました。ゆくゆくはこのビジネスをもとに法人を設立したり、多展開していくことになります。当時の私からすると夢にも思ってもみなかった出来事ばかりが、今、起きているのです。そして、ふとした出会いからこの本の執筆をするまでになったのです……。

私がこのスクールでいちばん得たもの。もちろん、稼ぐ方法やお金、仕事であることは間違いありません。人並み以上に稼いで、自由な時間を確保して、好きなビジネスに取り組むことができる。得たものはとても素晴らしいものです。しかしそれ以上に、「仲間」だと私は感じています。社会で働いていく中で、あなたは気が許せる仲間はどれぐらいいるでしょうか？　私は、全国に仲間を作ることができました。それだけでも高額なスクール代金を支払う意味があったのだと思えるほど貴重です。そして、そのとき出会った数名と一緒に、今も「人生を良くする会」を運営しています。

みんなでお酒を飲んだり、温泉に行ったり、BBQをしたり、ラジオ番組をやったり、みんなで1冊の本を書き上げたり。とても幸せな時間を過ごしています。

少し話が逸れましたが、ネット広告をクリックしたことからこんな物語が始まるなんて、信じられますか？

好奇心ってそれほど大切なんです。そして素直に行動してみるのです。なぜなら、その気持ちは一瞬しか感じることができないからです。好奇心はすぐに消えてしまうか、もっともな理由をつけてその好奇心を消してしまうのが人間です。

だからこそ、**好奇心を感じた一瞬を大事にしましょう**。好奇心は、自分を幸せにする第一歩。あなたの夢を実現させる第一歩なのです。

III

27

偏見という色眼鏡は生きる上で不要。

ネット通販のスクールで私は徐々に結果を出し始めました。

1カ月目で30万円、2カ月目で62万円、6カ月目で100万円を超える収入を得るようになっていました。ここだけ読むと何か悪いことをしているようですが、そんなことはなくて、ただ単に引きこもってネット通販をしていただけです（笑）。アメリカから商品を仕入れて、販売するという、とても簡単な仕事です。もちろん売れる商品の見極めはとても大事になってきます。

そのとき私は、家族や友人から散々非難されました。

「そんな怪しいことやめたら？」

「なにを悪いこととして稼いでいるの？」

自分のビジネスでお金を稼いでいる人というのは、怪しいこと悪いことをして稼いでいるという認識を持っている人は非常に多いです。わかりやすく実店舗などがあればそう言われることはないのですが、パソコン1台で稼いでいるという事実をどうしても受け入れられない人が多いのも事実です。経験がある方はわかると思いますが、そういった人たちにはどんなに説明してもわかってもらえません。逆に説明すればするほど、話がこじれます。私が思うに、もともと私のことを信じてないんだろうな、と思います。だからこそ、そこに労力を割くのはやめました。

それと同時に、その偏見でとても人生を損していると私は思うわけです。なぜなら稼げるチャンスや情報が目の前にあるのに、偏見によってその情報をシャットダウンしてしまっているからです。何ともったいないことでしょうか。みんなが自由に稼げる世の中で、偏見やプライドによってそのチャンスをみすみす逃しているのです。そういう人にはまずはやってみればいいのにと、いつも思っています。素直に、気になるんだけでどんなことしてるの？　教えてほしいと言えばそれでいいわけです。私は気になることがあればいつでも誰にでもそう言います。

ここまでは偏見の些細な例です。しかし極端な偏見もあります。今でも黒人白人と差別している人がいるわけですが、みんな同じ人間なんですよ。人間であり、それ以

上でもそれ以下でもありません。ただの人間なので偏見を持って差別する理由がわかりません。過去に何があろうと、です。

会社だってそう。少しでも、会社のルールからはみ出すと、陰口言ったり、噂したり、左遷したり……。とても低レベルですよね。

偏見という色眼鏡を使いがちの人は、覚えておいてほしいです。それによって人生の幅が、極端に狭まってしまっているのです。

いじめられていようがいまいが、犯罪をしようがしまいが、人は人なんですよ。だからこそ、どんな状況であれ過去がどうあれ、その人に接する。私の友人には変わり者が多いです。それは私が偏見を持たずに付き合ってきたからだと思っています。**陰口を言われていたり、悪口を言われている人に、私はとても興味が湧いてきます。なぜなら、そういう人は自分なりの価値観の中で生きているから**です。ルール云々よりも。だからこそ面白い人が多いのです。偏見は生きる上で不要です。それを取り外したときあなたは大きく成長するのです。

ご縁は後付け。だからご縁にとらわれないようにする。

ご縁を大切に、と多くの人は言いますよね。確かにご縁は大切ですが、すべてではないというのが私の考えです。

なぜなら多くの人が、ご縁を大切にしようと意識してしんどくなっているのを見かけるからです。それは優しい人が多いからですよね。あの人はどう思うかな？　周りの人はどう思うのかな？　っと気遣う気持ちです。

大切にできる縁もあれば大切にできない縁もあるのが正直なところではないでしょうか？　お互いに良好な関係は良縁、そうではない関係は悪縁。そういった曖昧なもののために、揺さぶられるのはもうやめませんか？　私からの提案です。

縁とはただの出会いです。そこからどうなるかなんてわかりません。縁は切ってもいいし切らなくてもいい。**縁って結局後付けです。後から知らず知らずのうちに自分にとって良いか悪いか判断するだけ**なのです。

縁はただの出会い、最高のご縁は〝そのままのあなたを受け入れてくれる人との出会い〟

極端かもしれませんが、それ以外は切ってもいい縁かもしれません。一度考えてみましょう。実際に関係を断つことまではする必要はないですが、それぐらいドライな考えでいいということです。そうすることで、優しさの塊のようなあなたはご縁でしんどさを感じることとも減ることと思います。

今のあるがままのあなたを受け入れてくる人との出会い、大切にしたいご縁です。しかし、その縁でもどんなふうに変わっていくかは定かではありません。結局後付けだからです。何があるかはわかりません。そうであれば、自ずとやることが見えてきます。それは、すでにある良縁を大切にしていくことなのです。

29

覚悟とは自分なりに向き合うこと。

ネット通販でいつの間にか、年間で4000万円ほど商品を仕入れるようになっていました。そしてネット通販の事業を拡大するため、私は750万円ほど借金をしました。とある銀行に250万円。もう一つの銀行に500万円融資してもらいました。融資のお金は、仕入れや人件費に充てました。

はじめての融資は25歳の若造のときでした。とある銀行から250万円ほどでした。当時もそのときの事業資金にあてるための申請でした。

この話から何が言いたいのかというと、何か自分で決断するときは「覚悟」が必要だということです。

融資を受けたときは、この事業を何としても軌道にのせるという覚悟でした。可愛い従業員25人の給料を払うんだという覚悟。

じゃあ「覚悟」ってなんでしょうか?

それは今できるベストを尽くして向き合うことなのだと思っています。**どんな状況だろうと今できることをやること。今できることに集中すること**です。何をするときも同じだと、私は考えています。

・この人のことが大好きだから結婚する、どんなことがあっても離婚はしない
・世の中をより良くするためにこの仕事をしたい
・受験勉強に集中したいからゲームは合格まで封印する

「覚悟」を決めれば次に何をすればよいのかを自分で考え始めます。それから自分のやることに向かって進んでいけます。脇目も振らずに集中するときです。どんな些細なことにも覚悟をもって生きていけたらまさに自分の人生は自分で決めるということにつながるんですよね。

生島ヒロシさんの著書『どん底に落ちてもはい上がる37のストーリー「弱点」を克服し、「自己発見」と「決断」に辿り着いた2週間』(ゴマブックス)に書いてある1

日1生という生き方。私の好きな言葉です。その日を一生だと思って過ごす。明日は来るかどうかはわからない。

人に、仕事に、家庭に、あらゆる物事に、自分なりに向き合っていけたら、まさに1日1生なのだと思います。

IV

目指すなら、嫌いなことをしない生き方

30

怒りの感情を受け止め、コントロールできるようになろう。

私も怒りとの付き合い方は修行中です。家事育児、仕事など、多くの場面で怒りの感情は現れます。だからこそうまく付き合いたいと思っています。私の事例を紹介します。

起業して1年経ったころ。事業もかなり大きくなり、年間5000万〜6000万円の売り上げが立つようになっていました。個人事業主から法人成りをしていました。会社自体は私一人の会社。アルバイトや業務委託の方を合わせると常時25人前後の人たちを採用しながら事業を運営していました。そのほんとんどがネットの求人サイトから応募してくれた人です。スカイプで面接する人もいれば、顔出しNGの方や匿名で仕事をしたいという方も多く、なるべく相手に合わせるようにしていました。ほとんどが主婦の方ばかりです。私は今まで100人以上の方を採用してきましたが、9割以上は主婦でした。なぜなら、ネット通販という性質上とても細かい作業やシートの管理、在庫管理などのルーティンがあったので、どうしてもきめ細やかな作業ができる女性を多く採用していました。そして実際に主婦の方の優秀さに驚くばかりでした。それをひしひしと感じていたので、社会進出や居場所作りにと思い、なるべく主婦の方を採用しました。どんな仕事も人間関係ですよね。さまざまな方と仕事をしましたが、それはそれはいろいろありました。

・いきなり音信不通になる人
・突然怒り狂う人
・無茶苦茶な要求をしてくる人
・データを乱用して自分のビジネスに勝手に使う人

など、こういった方々と出会うと、いつも「どう向き合うかの試練なんだな」「怒りをコントロールする練習なんだな」「昔の私にもこんなところがあったな」と。いろいろな想いが私の頭の中でぐるぐると回り、どうすればみんなとうまく付き合えるだろうかとよく考えたものです。それと同時に、理不尽を受けたときにどうすれば怒りをコントロールできるかも悩みました。

そのまま怒って相手に伝えても、百害あって一利なしです。必ずや相手は辞めていきます。**怒りの感情で発した言葉は相手に伝わらない**だけでなく、**何もプラスになりません**。それどころか、その後の経営判断にさえ悪影響を及ぼすのです。

どんな人間にも怒りの感情は存在します。そんなとき私は怒りの感情をこのようにして落ち着けました。

①相手に連絡を返さずに、今思っていることや感情をメモにすべて書き出す。
②書いたらそのまま1日放置してみる。
③まだモヤモヤしていたらもう1日放置してみる。
④③を繰り返す。落ち着いたら連絡する。

つまり、怒りの感情を自分でいったん受け止め、落ち着くまで相手には伝えません。他にも、①の作業をして感情と仕事の部分とを分けて、仕事の部分のみ文章化して相手に投げかけるという方法もオススメです。

私の場合、②で基本的には落ち着くことができます。内容によっては、数分や数時間で落ち着くこともあれば、一度寝れば落ち着くこともあります。

人によって、方法はさまざまだと思いますが、とにかく怒りの感情のままに相手に伝えるのだけはオススメしません。

怒ることは悪いことではありません。私には失敗談が豊富にあります（笑）。しかし、**コントロールできない怒りは何の意味も持たない**と覚えておきましょう。

海外では怒っていることを、「I feel angry.」と表現することがあるそうです。これは、直訳すると、「私は怒りを感じています」という意味になります。怒っているのではなく、ただ怒りを感じている状態なのです。そう理解すると、自分を客観的に捉えることができるので、怒りをコントロールしやすいです。怒ったときに、自分は怒りを感じているんだなと思うと落ち着きやすいのでオススメですよ。

31

自由を目指すのはやめよう。なぜならそれがいちばん自由な生き方だから。

起業して、仕事ばっかりして、そこそこ稼いで私は気づきました。

「あれ？　私は自由なんだろうか？」

もともと、家族の時間を大事にしたい、だから自分で稼いで暮らしたいと思い、自由を目指して起業した私でしたが、バリバリ働いていて、休む暇もなく心も体も休まらない毎日。家族と過ごしていても、仕事のことが気になって家族にしっかりと向き合っているのかもわからない……。あれ？　サラリーマンのときよりも忙しいぞ？

事業が拡大するペースが速すぎて、事業の基盤が整っていませんでした。ネット通販の店舗数を2店舗、3店舗、4店舗……と増え、気づけば10店舗以上。働いてくれる人は25人前後……。にも関わらず、働いてくれる人の入れ替えが激しく、成長と同時に辞めていく人もいたりでバタバタしていました。毎日ひいひいでした（笑）。

当時、妻に言われて私に刺さった言葉があります。

「徳ちゃん。毎日、顔が怒っていたよ」

がーん。自分ではそんなつもりはなくても、怒った表情で余裕もなかったのです。

そのとき考えさせられました。自由を目指してやってきたけれど、自分に合う仕事と、自分に合う事業規模を考えないと自由じゃないんじゃないか。だったら、こじんまりと毎月30万円でいいから稼いでゆったり暮らした方がいいのではないか、と。

もちろんそんな状況であってもうまくやってのける人もいるのでしょう。しかしながら、私にはどうやら合わなかったようです。自由を目指して起業しなくても、仕事を選べていることの方がより自由なのではないか。今目の前にあることが自分の自由の選択の結果なのではないか。

IV

自分で選んだ仕事。自分で選んだ車。自分で選んだパートナー。自分で選んだ1日の過ごし方。今、日本で暮らしているだけでも自由なんだ。つまり、**自由とは目指すものではなく今の現状こそが自由だと気づくこと**なんです。

もちろん、副業したり、起業するのは個人の自由だけれど、自分がどうありたいかを決めておくのがいいと思います。

・どんな場所に住むか
・毎月どれぐらい稼ぐ必要があるか
・誰とどんなふうに過ごすか

その指針があれば、自分がブレたときに立ち返ることができます。修正することができます。まずは自分が自由であると気づくこと。それに気づけばどこで何をしても、自分は自由なんだと思えます。そして今やるべきことに集中すればいいのです。

お金を守るという意識を持つ。大切なのはキャッシュ。

お金を守るという意識を持っていますか？

私はいろいろな経験をして、初めてその意識を持つことができました。

会社経営で特に頭を使ったのが毎月のキャッシュフローについてです。毎月の経営状況と法人口座のお金には差があります。口座には意外とお金が溜まっていないものです。自営業の人は特に、節税を意識しすぎるとキャッシュ不足に陥るので注意してくださいね。

私の場合は、毎月の売上500万円、経費（すべての支払い）が350万円前後。実質、会社には150万円ずつたまっていってもおかしくはないのですが、なかなか

その実感がありませんでした。これは会社の収支と実際のキャッシュフローには差があるからです。例えば入金日がずれたり、支払いを遅らせたり、など。会社経営していて、本当に四苦八苦したのがキャッシュフローでした。

自分が商品のビジネス、YouTuberやコンサルタント、セラピストなどは元手がほとんどかからないので支払いをそれほど気にする必要はありません。私の場合、ネット通販という性質上、物を仕入れるので、その代金がかなりかかっていました。そのため毎日毎日、収支のバランス、支払いをチェックしていました。いつ入金があって、いつまでに仕入れ代金を払えるか。入金が遅れそうであれば催促したり、支払い先に連絡したり、バタバタでした。本当に毎日頭を捻らせていました。助成金などの返さなくてもいいお金は、本当に素晴らしいのでみなさんぜひ活用してほしいと思います(笑)。

どうすればお金が貯まって、キャッシュフローがよくなるのか。端的にいうと利益を増やすことなのですが、それだけでは具体性がありませんよね。『バビロンの大富豪「繁栄と富と幸福」はいかにして築かれるのか』(グスコー出版)の中に書かれていますが、実践してよかったことがあります。それは**収入の1割は必ず貯金**して、手をつけない。**固定費を徹底してなくす**。この2つです。

たったこれだけで、**お金がたまっていき、お金を守る意識がついてきます**。そして不安が格段に減ります。これは会社だけに限らず家計でもとても役に立ちます。まず収入の1割以上は貯金する。例えば毎月のお給料が20万円ならば、そのうちの1割にあたる2万円は、貯蓄用口座に入れて、手をつけないようにする。この場合、注意点があります。それはいつでも引き出せる状態にしておくこと。自分のお金を守るという意識を持つことです。その後慣れてきたら、元本割れしないように、できれば投資などで運用することも大切になってきます。この話はまた機会があれば。

そして固定費を徹底してなくす。これはそのままです。携帯料金や保険料などを見直すことが大切です。不要なら解約しましょう。自分の支出傾向を調べましょう。自分のお金を不要なサービス（他人）に払っていないかを慎重に吟味するだけで、出費をかなり減らせるはずです。

大切なのはキャッシュ（現金）です。お金を守りましょう。守るという意識が大切なのです。そうすればお金に愛されて、お金もたまっていきます。倹約倹約倹約。この生き方も楽しいものです。

33

本当の学びとは、習慣化すること。

私は今までに1000万円以上を学びに投資してきました。読書する、セミナーや講演会を受ける、スクールに入って勉強する、誰かのコンサルを受ける、などです。どれも高額なものばかりです。

学ぶ過程で失敗したことがあります。それは、同時にいろいろなノウハウを学んで、実践まで至らず身に付けることができなかったということです。私は同時に3つのスクールに入ったり、同時に3人からコンサルをしていただいたことがあります。

これは本当に失敗でした。

私のように、向上心や挑戦欲が強い人には特に注意が必要だと思います。申し込む前に一旦立ち止まることが大切です。自分ならできると思っていても、逆に効率がとても悪く、継続して行動に落とし込むことができないかもしれません。それは頭がパンパンになって、いわゆるノウハウコレクターになってしまい、学んだ気になってしまっているからです。そうなってしまったら、はい終了、です。

これでは本末転倒ですね。ですから、1つのスクールにだけ入る、1人からコンサルを受ける。この人から学ぶと決めて、徹底的に取り組み、自分のものにすることが大切です。自分のものにするというのは結果を出すということです。徹底しましょう。体得しましょう。それがいちばんお金と時間をムダにしないコツです。

今の世の中、ネットで検索すれば、魅力的な人や、魅力的な商品がいっぱいあります。しかしそれは魅力的に見えるようにマーケティングされているだけのことが多いのです。蓋を開けてみれば商品に大して差はありません。目移りせず、1つのことを徹底して学びましょう。

そして、いちばんお手軽に勉強できる読書。知識本や自己啓発本など、読んだだけで終わらせるなんてもったいなさすぎるわけです。と、いうより時間のムダなわけです。身になっていないなら、それはただただ読んで満足しただけです。次の日には忘れているこ とでしょう。

そもそもなぜ勉強本を読むのでしょうか？　今の現状を変えたい、答えを知りたいから読んでいると私は思っています。そうであれば、**1冊読んだら1つ以上のことを今の自分に取り入れて行動**しましょう。それこそが宗信流、読書の活かし方です。

私の場合、読んでいて気になる箇所があったらノートや手帳にまとめておきます。そして、本が読み終わったら早速自分の生活に取り込んでいきます。それこそ身につくまでやります。自然とできるようになるまでです。大体習慣になるまでには2週間かかると言われています。

ですので、2週間とりあえず毎日やってみましょう。そうすれば、あら不思議。いつの間にか自分のものになっていて、昨日の自分よりもパワーアップしているのです。自分のものにすることができない学びなら、学ばないほうがいい。なぜなら時間と、お金をムダに使うことがないからです。

34

目指すなら、嫌いなことをしない生き方。

今の仕事は好きですか？　好きな仕事はなんですか？

こう聞かれてすぐに答えられるでしょうか。そうなのです、意外と答えられないのです。

世の中では好きなことを仕事にしようという考え方が広がっています。でもそれってなかなか難しくないですか？　なぜなら、自分の好きな仕事がわからない人が多いからです。私の周りにも結構います。

そして、私もその一人でした。私はこの仕事が好きだから始めた、ということはほとんどないのです。やってみたいから、お金が稼げるから、面白そうだから、などと

いった理由が多いのです。そして仕事をするうちに、結果としてその仕事が好きになっていきます。合わないなと思ったらさっさと辞めます。

好きな仕事はなかなか見つけにくいですよね。しかし不思議なことに、合わない仕事・嫌いな仕事はたくさんあるものです。

私は大学3年生のときまで、公務員になろうと思っていました。理由は単純に親からススメられたからです。しかし、公務員になるのをあきらめました。理由はインターンシップへ行き、自分に合わないと思ったからです。どうやら私には、毎日決まった仕事をデスクでするというのが向いてないようでした。それから、公務員だけでなくどんな仕事でも、デスクで毎日同じことをする仕事には就かないと決めたのです。

もう1つ話があります。

私は昔から人混みや混雑しているところが苦手でした。苦手というよりもはや嫌いです（笑）。

そのため、バスや電車を使って通勤する仕事はしないと決めていました。車を運転するのは好きなので、運転しながら交通渋滞にハマることはまったく苦ではないのです。そのため、通勤するなら車だと思っていました。

そんな感じで暮らしていくうちに、好きなことって意外とわからないものだけど、**嫌いなことをしないことって幸せな生き方だな**と感じるようになりました。

だから、好きな仕事が見つからなくても安心してください。好きな仕事を見つけるのは大変なのです。

あなたがやりたくないことを見つけましょう。そしてそれをしないようにするためにはどうするか考えるのも、一つの生き方としてオススメです。私のように毎日満員電車は乗りたくないから、乗らないような生き方をしよう。私の仲間には、満員電車が嫌いなので自転車をレンタルして通勤している人もいます。それもありなのです。

私は、営業職をやっていた経験がありますが、人と話すのはそれほど好きじゃないのです。おそらく読者のみなさんよりも人と話すのは人一倍疲れる人間です。ですので、話す話さないも選べる仕事をしたいと思っていたのもあり、現在のようにパソコン一つで暮らせるようにしているのです。

どんな生き方でもいいけれど、どうせなら嫌いなことはしない生き方がいい。すべてなくすのは難しいかもしれないけれど、減らすことはできるかもしれない。ストレスをためず、長生きしよう！

IV

35

失敗こそ評価する。

成功を評価しがちですが、失敗こそ評価すべきだと思います。成功を評価することなんて誰にでもできます。

失敗したとき、自分を責めていませんか？　失敗した直後は逃げたくなったり、落ち込んだり、泣いたりすることもあると思います。

しかし、**失敗しているのはあなたが挑戦している証拠**なのです。

失敗＝人生をよりよくする経験値

失敗をこのように捉えてみてはいかがでしょうか？
失敗どんとこい、と思えませんか？

あなたは失敗するほど何かに挑戦しているのです。それほど一生懸命生きているのです。何も恥じることはありません。失敗するまでの過程が素晴らしいのです。その過程を評価してあげてください。自分を褒めてあげてください。

「よくがんばった自分！」

「最高！」と。

ただし、失敗を失敗で終わらせるにはあまりにもったいないです。なぜなら、**あなたの失敗は、あなたにしかできない貴重な経験**なのです。よく似た失敗の例はあっても、まったく同じ失敗が起きる人はこの世に一人としていません。主体的に生きている証拠です。失敗こそがあなたの成長の糧になり、よりよい人生を生きるための経験値になるのです。その出来事を詳細にメモして、どう対処したのかを書き留めておきましょう。自分の心の整理にもなるし、次に同じ失敗を繰り返さないために活かすことができます。もしかしたら、私のようにそのメモを使って本を出版することになるかもしれません。

私はこれまでやることなすこと、9割以上が失敗ばかりです。そしてこれからもそうなのでしょう。

しかし、失敗で終わらせたくないのです。だから考えて考えて、どうすれば同じことが起きないように防ぐことができるかを考えて行動に移します。そんな感じで今の私がいます。誤解を恐れずに言えば私は〝失敗の塊〟なのです（笑）。

私は自分のことを誇らしく思っています。なぜなら同世代の中でも圧倒的に経験している自負があるからです。つまり失敗の数が多いということです。それが今の私の自信につながっているのだと思います。他の人と比較したいわけではありません。自分の中で、それぐらい後悔なく生きているという自負があるということです。

しかし失敗は悪いことではありません。いいことです。ですから相手に、いいことを運んできてくれてありがとうと感謝を伝えてみましょう。

「○○さん、（私の成長のために）お叱りいただきありがとうございます。また、気づいたことがあれば教えてくださいね」

これは私が実際によく使っている言葉です。心の中では、どう思っていても構いません。ただし言葉では感謝を伝えましょう。そうすれば相手の方から勝手に、あなたにしかできない経験を運んできてくれることでしょう。ありがたいですね。これは、目上の人にほど有効かもしれません。

36

パートナーに後悔させないようにする。

あなたの意見でパートナーの行動を制限していませんか?

もし思い当たる節があれば、すぐに改善すべきです。もっと好きなことをして幸せに生きられるようにしてあげるべきです。

とあるご夫婦の話。旦那さんは友達と居酒屋に行くのに、妻が友達とお酒を飲みに行きたいと言うと、断固として行かせない。そういった話をよく聞きます。ここで旦那さんがすべきことは、本当に、行かせないことでしょうか? もちろん、いろいろな事情はあるのでしょう。それでも断る理由ってなんでしょうか? 大半は明確な理由はないでしょう。ただ単に旦那さんが、気が乗らないから、心配だから。それでも、

IV

ここですべきは、こう言うことです。

「気をつけて行っておいで」

奥さんも一人の人間。やりたいことを尊重してあげるのも旦那の甲斐性だと思うわけです。

私の場合、妻の意志をなるべく尊重するようにしています。

外で働きたいなら自由に働けばいい、旅行に行きたいなら行けばいい、友達と飲みに行くなら飲みに行けばいい、ミュージカルやダンスをやりたいならやればいい。そして、私も自分の好きなこと、好きな仕事をします。子どもたちにも同じようにしています。

家族は味方です。ましてやパートナーは自分にいちばん近い存在です。だからこそ、くだらない理由やプライドで不幸にしないでほしい。幸せであってほしいのです。みんなで一度きりの人生を楽しもうじゃありませんか。

自分のパートナーにも後悔させない生き方をさせてあげましょう。**家族であろうと、それぞれの考え方で生きている別人格**です。あなたのエゴで家族が後悔するような選択をさせてはいけません。そしていちばん近いからこそ、言葉にも注意しないといけないのです。一度きりの人生、自分も相手も後悔なく生きていけたら最高ですよね。死ぬときには、この人と寄り添えてよかったと思えるように。

37

「ゆるふわ」で生きる。

とりあえずなんでもうまくいくときって肩の力が抜けてるんですよね。頭もさえていていい判断もできるのです。そのような状態のときを「ゆるふわ」の状態と勝手に呼んでいます。ちょっと可愛いでしょ？　ゆるく、ふわっとしている感じ。よく女性の髪型を形容する際に使われる言葉です。

体も心も緩んでいて余裕がある。頭がクリアで周りがよく見えている状態です。

私も含め、日本人は真面目すぎると思っています。それは良い悪いという話ではありません。子どもの頃から毎日学校へ行って、大人になって毎日仕事へ行って、残業

IV

して……。真面目すぎるんですよね。それが楽しくて、やりたいことならとてもいいことです。そんな人は毎日生き生きしていることでしょう。

しかし、たまには息抜きしませんか？

ゆるふわでいきませんか？

月に3回、風邪をひいたことにして会社を休んでも問題ないわけです、私みたいに（笑）。周りからは「軟弱」や、「風邪ひきすぎやろ」と言われてきました。でもそんなことは私にはどうでもよかったのです。なぜなら**自分を整えるのが何よりも大事だから**です。それはエゴではありません。自分が元気であれば、自分の顧客、取引先、社内の人たちに対して**最高のパフォーマンスができるから**です。それは、自分にとっても相手にとってもすばらしいことですよね？　死んだ魚のような目で会社へ行って仕事をしても、誰のためにもなりません。そんな人たちをたくさん見てきました。むしろ、会社からすると不利益を被っていることでしょう。私は何社も会社経営をして100人以上の人を採用してきました。やはり、元気とまではいかなくても、メンタルが安定している人を採用するようにしてきました。そういう人と一緒に仕事をする方が、業績も伸びるし楽しいものです。

あなたが会社を休んでも会社は動いています。誰かがサポートしてくれます。それでいいじゃないですか。周りに迷惑をかけてもいいんですよ。ただそのとき忘れずに、

「サポートしてくれてありがとう」

と、感謝を伝えるようにしましょう。これができれば、なんとかなるものです（笑）。仕事はときには助け合いも必要なのです。それよりも体調が悪かったり、失恋したり、女性なら体調がすぐれないときもあるでしょう。つらい顔をして出勤してくるあなたを喜ぶ人間はいません。そんなときは、堂々と会社をサボってしまえばいいのです。ゆるふわでいいのです。心も体調も整えて、次の日から笑顔で出社して仕事をした方がよっぽどあなたのためであり、会社のためでもあり、社会のためになるのです。有給が使えなかったり、休めない雰囲気なら上司が悪いし、その職場が悪いのです。結果を出していようがいまいが、あなたは会社の規定に則って休みましょう。休んで堂々と羽を伸ばす。1日中遊んでもいい、泣いてもいい、ゴロゴロしてもいい。それでも、あなたは生きているだけで素晴らしいのですから。さっさと休みましょう。

残業するほどの仕事があっても、今日ぐらいはいいや、今日は定時に帰って明日やろう、と。役職が上になればなるほど、頭の中が毎日大忙しです。それでも、ガンガ

ン息抜きしましょう。残業なんて百害あって一利なし。会社にとっていちばんの財産である人が、いちばん疲弊するだけのムダな時間です。

ゆるふわで生きよう。

そしてサボりまくろう。ちなみに私はサボる天才です（笑）。すきあらばすぐにサボって楽をしてしまいます。だからこそ、日々最高の状態で人生を送っています。あなたはどうですか？　日々最高の毎日を送っていますか？　答えがNOであるなら、すぐにサボろう。一旦何もせずにぼんやりと自分の人生を考える時間を作ることがオススメです。旅行に行くのもいいでしょう。まずは立ち止まって、ゆったり考えてみよう。最高のあなたになるために。ゆるふわになったとき、それが本来のあなたなのです。

38

体調がいいうちに休みを決める。

これは仕事にだけ当てはまる内容ではありません。

子育て中の人、または周りに子育てをしているご家族がいる人に読んでほしいです。男性のみなさん、家事育児を楽だと思ってませんか？　自分は外で働いているんだから、相手にもしっかりやることを求めていませんか？　仕事で疲れているからという理由で、家事育児に消極的になっていませんか？　断言しましょう。それらはすべて甘えです。

いろいろな仕事や専業主夫を経験した私だからこそわかります。比べるのはよくないかもしれませんが、わかりやすく伝えるために家事育児と仕事を比較します。断然、家事育児の方が大変だと言えます。むしろ仕事の何が大変なのかと思うぐらいです。

それ本当？　と思う人は、仕事を休んで家事育児だけをやってみましょう。すぐに

IV

わかります。

私は専業主夫をする期間があったのですが、そのときに意識したことは、自分が元気なうちに早めに休みを決めるということです。どういうことかと言いますと、私には4歳と2歳になる息子がいます。一時期保育園に入園できなかったので、2人の子どもを見ながら、家事をこなし、会社を2社経営して合間に執筆、弁護士や裁判所と戦うという鬼のようなスケジュールで過ごしていました。妻は朝から夕方まで外に働きにいっているので、助けを期待することはできません。本当にいろいろバタバタで頭がパンパンだった私でした。助けてくれる家族も近くにいない。体力も精神力も使って、ほとほと疲れていました。ストレスがたまり、妻とケンカが増えてきました。そんなとき、私に必要なのは休息でした。1人で過ごす時間がなかったからです。夜は夜で、ヘトヘトで1人の時間を満喫することなんてできません。子どもたちを寝かしつけるのと同時に自分も寝てしまいます。それはどの主夫・主婦さんでも同じ様だと思います。世の中の主婦さんも同じ気持ちでしょう。

とにかく1日でいいから休みが欲しい。しかし、人間疲れすぎると訳が分からなくなって、何が原因でつらいのか分からなくなります。だからこそ、**自分が元気なうち**

にこの日は休みにしよう！　と決めることが大切です。仕事はサボることができても、家事育児は多少の楽はできてもサボることはなかなかできません。家事で疲れているときこそ育児が大変だったりします。

そして、自分が疲れていることをパートナーに察してもらおうなんて考えない方がいいです。なぜなら、その期待のせいで、パートナーに対してイライラしてしまうからです。ケンカしてもさらに疲れるだけです。

1週間のうち、数時間でもいい。何もしなくてもいいし、自分の好きなことをしてもいい時間を作りましょう。そうすることで、少し余裕が生まれます。そしてその週を乗り切ることができます。休む方法はたくさんあります。パートナーに頼ることだけではありません。とにかく周りの人、親、友人に助けてもらう。一時保育を使う、シッターさんを雇ってみる。今の世の中、あの手この手で、自分を楽させてあげることができます。つらくなる前に、自分が休める状態にしましょう。家事育児が好きな人ほど、時間不足に陥ってしまいます。自分は大丈夫、という過信がいちばん怖いのです。

世の中ではイクメンという言葉が使われるようになって久しいです。男性が育児に

IV

積極的に参加するというイクメンという言葉。ただ、私が思うのは、イクメンという言葉自体理解ができないということです。なぜなら自分の子どもを育てるのは当たり前のことだからです。男女ともに、積極的に子育てするのは当然。むしろ、積極的でないなら子育てしなくていいとさえ思っています。なぜなら、生まれてきた子どもたちが不幸になってしまうからです。男性だけイクメン、じゃあ女性は？　イクウーメンですか？　要するに男性が都合よく作った言葉ということです。女性が家事と育児だけをするなんてもう古いのです。昔みたいに、地域のみんなで子どもたちを育てるという風習はだんだんと減ってきています。だからこそ、夫婦で力を合わせて子どもたちを育てていきましょう。私はそんな世の中になることを望んでいます。

そしてすぐに休んで、自分を大切にしてあげてくださいね。今の自分のために、明日の自分のために。楽をしましょう。

39

人生で大切なことに優先順位をつけよう。そしてそれを守ろう。

人生で大切なことに優先順位をつけよう。そしてそれを守りましょう。

仕事や生活などで優先順位をつけることはあるかと思います。しかし、自分の人生において優先順位を決めている人は意外に少ないのではないでしょうか。

例えば、人生で誰と過ごすか。ここに明確な優先順位はありますか？　意外とダラダラ人間関係を続けてしまいがちですよね。愚痴の言い合いになるムダな飲み会、定期的に開催されるだけの集まり。お金と時間を消耗していませんか？　これは人間関係の中で優先順位をつけていないためです。

私の場合は、家族、仲間・親友、仕事関係の人、その他と、この順番に優先順位を

IV

決めています。さらにそれらの中でも細かく順位を決めています。まずは家族がいちばん優先度が高いので、それ以外は一旦今の状況や家族の様子を見ながら家族と相談して決めます。そのため急な予定などが入っても対応しません。それは優先順位を守っているからであり、自分の人生なので相手の期待に応えるようなことはしないからです。

物事の優先順位を決めることは時間の消耗を防ぐことができます。ひいては後悔しない選択をすることにもつながります。あとになって、「○○の飲み会に行くよりも、家族とお出かけすればよかった～」ということにはならずにすむのです。

人生で大切なことはなんですか？
大切な人は誰ですか？
どんなことをこの世界に残していきたいですか？

すべてに優先順位を決めて取り組んでいけたら、それはそれは満たされる毎日になることでしょう。

40

まず始める。動きながらなんとかする。

「まずはやる」

これは私の持論です。なんでも行動しながら修正すればいいと思っています。なぜならそれが最速だからです。

多くの人は、考えて考えて結局何も行動に移せません。もちろん考えたり、準備したり、作戦を練るのは大切です。ですが、**考えすぎると何も動けないのが人間です**。

私は逆で、なんでもすぐにやってしまいます。完全に直感型でこれだ！ と思ったらとりあえずやってみます。ネット通販のスクールで学び始めたときも、スクールが始まる前に勝手にネットであれこれ調べていました。そして、やりながら猛勉強して

Ⅳ

軌道修正しました。やはり、これが最速だし成功確率も高いように感じています。投資を始めたときもそうでした。先に証券会社で商品を購入したりしながら、本や動画で勉強しました。もちろん何でも失敗する可能性があるのは心に留めておきましょう。どれだけ準備しても失敗することはあるのです。そこその準備でいいので、ポイントだけ押さえておけばＯＫです。しかしこのポイントは、未経験の分野ではわからないことも多いので、やはりやってみることの方が大切だと感じています。

そして始まれば、次になんとかしようと考えます。どうすればうまくいくのか。どうすれば危機を回避できるのか。どんな知識が必要になるのか。どうすればお客さんが喜んでくれるか。必要なことを一つずつ勉強する、または、その道のプロにアドバイスを求めたり、アウトソーシングしていけばいいのです。なんでもやりはじめれば楽しくできます。

もちろん状況によっては準備できるものもあるでしょう。では、そんなときはどれぐらい準備するのがいいでしょうか？

それは**行動力が落ちない程度の準備**です。

本でいうと数冊程度でしょうか。知識ばっかりで頭でっかちになり、行動に移せなくなるのはもったいないことです。その未経験の業界への先入観や恐怖、行動しない理屈が先に出てしまったら挑戦しようと思いません。だからこそ、**さっさとやってみることが大切なのです。そして動きながら勉強すればいいのです。**

人からアドバイスをもらったり、読書してみたり、ネットで調べてみたり……。どれだけ準備をしたとしても失敗の可能性があるのです。失敗する前提で進めていきましょう。こればっかりはどうしようもありません。避けては通れないのです。私と一緒にじゃんじゃか失敗していきましょう（笑）。

売上を追うのは時代遅れ。利益額が大事。

私にはこんな時期がありました。売上ばかりを追っていた時期が。

「今期は売上1億だー！」って。

何をそんなに追っていたんですかね（笑）。

会社経営していると、年商という言葉を重視してしまいがちです。なぜなら、社会は年商でその会社を判断しがちだからです。融資の審査や賃貸契約もまずは年商で判断されます。融資であれば、年商の額のうち何%を貸そうというやり方があります。不動産なら年商の内これだけは家賃に充てられるから部屋を貸そう、と判断されるのです。これらはそれぞれの担当者から教えてもらった話です。

しかし、間違っても売上を追ってはいけません。それは**地獄への入り口**なのです。なぜなら売上があっても利益が少なければ、それは会社にとって健全な経営とは言えないからです。そもそも社長にとって健全ではないでしょう。利益がなければ心にゆとりを持つことができません。言うは易しですが、事業形態によってはそういった利益を追う経営は難しく感じる場合もあります。

もっと言うと、利益が少ないということは口座の中に現金が少ないということなのです。逆を言えば、利益があれば融資を受ける必要もなくなります。なぜなら口座にお金があるからです。単純な話ですよね。

売上は少なく、利益は多く、これが目指すべき形です。そのため、経費があまりからないビジネスというのは素晴らしいものです。しかし多くの経営者は途中でそれに気づいても、融資や会社の見栄えのために売上を追います。私もその一人でした。もうそんな自転車操業はやめましょう。**追うなら利益**です。または自分と社員の幸福です。上場を目指している会社なら売上を追うのもいいでしょう。しかし、中小零細の企業であればもっと楽な経営でいいと思うのです。ムリに事業規模を拡大せずに、社長の心にゆとりが出る経営です。要するに長続きする経営ですね。潤沢に資金を貯めて好きな事業を続けていけるような。何よりも自営業や会社は利益が大事なのです。売上を追いましょう、と言っている人は信用してはいけません。それはつらくなる経営をしていこう、と言うことと同義だからです。目指すならたっぷり利益が出る事業をしていきましょうね。

IV

V

人にアドバイスしない

42

成し遂げたいことがあるなら先駆者の声にだけ耳を傾ける。

成し遂げたいことがある場合、経験者（先駆者）の意見を聞いたほうがいいです。

自分より営業成績が悪い人に、営業のコツを聞いても得るものはありません。起業したことがない人に、起業の相談をしてもメリットがありません。子育てをしたことがない人に、子育ての相談をしても意味がありません。

だからこそ経験者に聞くことが大切です。これを忘れるとコロッと誰にでも相談してしまいます。ひどい言葉を言われて否定されて傷つき、相談しなければよかった〜なんてことになりかねません。私はそうでした。ひどい言葉が何をやるにも思い出されて、身動きが取れなくなったことが何度かあります。だからこそ、**相談する場合は**

誰に相談するのかを特に注意しましょう。否定されることに慣れている人は、誰に相談しても大丈夫なのかもしれません。自分のタイプを把握しておきたいですね。

そして先駆者の意見を取り入れて、早速実行です。この段階では自分でアレンジを加えない方がいいです。相談しながら最後までやり抜いてみましょう。そして何かしら結果がでます。しかしながらどんな結果であっても先駆者のせいにしてはいけません。なぜなら、貴重な時間を使った上にアドバイスまでしてくれているからです。アドバイスをもらった側は、すべて自己責任で動きましょう。それが成長につながるし、先駆者への感謝の表し方なのです。

V

43

現状維持は確実に後退。常に挑戦しよう。

現状で満足していませんか?

現状維持は確実に後退です。自営業であれば、常に収益になる事業の種まきをする。営業職であれば結果が出てもいつもと変わらず、学ぶ。夫婦関係であれば、少しでも相手が喜ぶ言葉を使ったり、気にかけてみたり。ちょっとした一歩が重要になってきます。

現状維持は横ばいではないのです。世の中の変化が早すぎて、今はうまくいっているものであってもあっというまに使えなくなってしまいます。だからこそ、現状維持+α。しかしムリはしてはいけません。私にはその経験があるので、ムリをしないのがいちばんです。

　私は営業をしていて成績が社内でトップになったとき、特に気をつけていました。なぜなら人間すぐに調子に乗って現状で満足してしまうからです。周りから賞賛されてなんだかすごい人みたいに感じてしまいます。だからこそ、ここで謙虚さも必要になります。現状で満足したら、それ以上の成長はありません。ここまでせっかく頑張ってきたのにそれではかなりもったいないです。ここで気持ちを新たに、普段通りを心がける。特にこのときは心がけないと、いけません。人間すぐに調子に乗ってやらかします。調子に乗る期間も短ければいいですが一旦自分を戒める必要があります。

　人生挑戦挑戦ですね。次どうする？　次どうする？　って断続的に考えて挑戦しましょう。ハリがある人生を送れることと思います。

V

44

どんな仕事も役割分担でしかない。

仕事をしている、していない。どちらが偉いですか？
サラリーマンと専業主婦、どちらが偉いですか？
社員と社長、どちらが偉いですか？

どちらも偉くもあり偉くもないですよね。どちらも優劣をつけることなんてできません。ただの、役割の違いでしかないからです。

働ける人は働けばいいし、働けない人は働かなくていいです。**働かない人を怒る人は、自分が働けなくなる経験をしたことがない人だから**です。別に人生どちらでもいいのです。

社員と社長、一見すると社長が偉いように見えます。もちろんお給料を頂いている身としては、当然感謝しなければいけません。しかしながら、どちらが偉いかという話になると、実は対等なのです。なぜならただの役割の違いだからです。**社員は社員にしかできない仕事があり、社長には社長にしかできない仕事があるからです。**サッカーで例えると、得点を取ってくるフォワードが営業、バランスをとるボランチが中間管理職、会社の最後の砦がキーパーである社長。そう、役割の違いです。そもそも優劣をつけることすら不毛なのです。誰一人として欠けてはいけません。それが今ある会社の形であり、世界の形なのです。

そして家庭でもそうです。仕事をしている人が偉い、家事をしている人が偉くない、そんなことはあり得ないわけです。どちらも生きる上で必要なことだからです。**どちらも偉いし、偉くないのです。**ただの役割の違いなのです。

世の中何でも役割が決まっています。お店で商品を買ったからといって、お客さんが偉いかというとそうではありません。ただの役割の違いなので、客観的に見ると、店員さんとお客さんという役割を演じているだけなのです。つまり対等です。

偉い偉くないという議論が起きた場合は役割の違いなのかどうかを考えてみましょう。すぐに解決できることと思います。

V

45

すべてに遠慮しない。

譲り合いはときには大切です。しかし、生きていく上で遠慮なんていりません。誰に対しても何に対してもです。
日本は遠慮することが美徳のように評価されています。私にはそれが理解できないのです。

友達と好きな人が被っても遠慮しなくていいのです。
相手に対しても遠慮しなくてもいいのです。
仕事に対しても遠慮しなくていいのです。
自分の人生に遠慮しなくていいのです。

優しい人が多い。しかし、実際には、相手の気持ちを気にしすぎて自分の気持ちを押し殺す人ばかりです。その多くは、自分が正しいと思った選択をすることができない人です。

では、あなたは誰の人生を生きているのでしょうか?

そう考えたら答えは明白ですね。今すぐ自分がやりたいことをやりましょう。そのためには遠慮するのはやめましょう。いまからでも間に合います。自分の人生、自分で責任を持って決めていけたら最高ですね。死んでしまう最後の日まで、後悔なく、素晴らしい人生だったと。そのように人生を終えることができるのではないでしょうか。

V

46

心の平穏がいちばん大事。

　何が起きようともあなたの心の平穏が大事です。不測の事態が起きようと、悲しいことが起きようと、平穏を保つまでの時間が早ければ早いほどいいものなのです。

　私はある日事業が突然ダメになってしまったことが何度かあります。年間4000万円の売上を見込める事業が、一晩でダメになったこともあります。しかし、そんなことで悲しんでいては、経営者が務まらないわけです。なぜなら、悲しんでいるうちにも時間は過ぎていきます。ダメになった事業をどうやって後始末するのか、次の事業はどうするのか、従業員はどうするのか、すべてを考えて行動に移さなくてはいけません。そのため、不測の事態が起きようとも、心を平穏に保つ必要があるのです。頭をクリアにしておく必要があるのです。

　このことは、仕事だけではなく、人生においても言えると思うのです。

日々の生活においても不測の事態というのは起こります。お子さんがいる家庭では、予期しない出来事ばかりではないかと思います。その都度心を乱していては、冷静に判断することは難しいものです。

自分の中で心を平穏に保つ方法を見つけることが大事です。

私なら、家中を掃除してきれいに保つこと。自分の大好きなコーヒーやカフェラテをゆったり飲むこと。まっさらで何もない空間で一人でぼんやりすることなど、いくつかあります。妻は、ゆったりと大好きな紅茶を飲むことで平穏な時間を過ごすことができるそうです。

常に平穏を保つことで、冷静な判断ができ、今やるべきこと・できることがわかります。そして結果として、あなたの人生はあなたの最高の判断で成りたつのです。

47

人にアドバイスしない。

必要なとき以外はアドバイスをしないと決める。すぐに助言したくなるのが人間です。

この傾向は特に男性に強くあります。脳の構造上、男性はすぐに結論を言いたがるので、どうしてもアドバイスのような喋り口調になってしまいます。女性がよく、「男の人は話を聞いてくれない」と言う理由です（笑）。

アドバイスは求められて初めて答えるものです。聞かれていないのにアドバイスを言うことは、私は恥ずかしいことだと感じています。そもそもアドバイスを言いたがる人はダサいのです。それほど知識をひけらかせたいのか、他者から認められたいのか。何か劣等感の裏返しだと感じてしまうからです。

適切量とタイミングを押さえたアドバイスが大事です。しかしながら、これは簡単ではありません。こちらからアドバイスしようと動いたときは、この2つの見極めが難しいのです。そして感じ方は人によって違います。そのため、アドバイスを求められたときに話すのがオススメです。

これは仕事でも家庭でも、同じことだと思っています。

特に女性との会話において、女性は男性の意見やアドバイスを求めているわけではありません。ただ、話を聞いてほしい場合が多いのです。男性はこれが苦痛に感じたりするわけで、相変わらず相いれない生き物だな～と思うわけです。しかし、最近の20代の男性もこれに当てはまるなーと感じることが多くなってきました。そもそも人間は性別問わず話を聞いてほしい生き物なのかもしれません。

そして、特に仕事においては相手が求めていないことを話さない方がいいと感じています。信頼感を失うことにもなりかねないからです。そのアドバイスからこの人はどんな人か、ということまで考える人もいます。喋ることが多い営業マンは注意が必要です。最初から相手にシャットダウンされては必要な話もできません。不要なアドバイスは避けるべきです。

V

48

お金を出して学ぶときには、目的と目標を明確にする。

お金を出して学ぶときに、なんとなくという気持ちで始めるのは時間とお金のムダです。まずは学ぶことの目的を持つことが大事です。

私の場合、通販ビジネスを学んだときは毎月30万円以上稼いで、他のノウハウには手を出さない、と決めていました。そして、結果としてやり抜くことができました。

今でこそYouTuberは有名ですが、注目される前に、YouTubeで動画を配信して稼ぐというスクールがあり、それを受講しました。私は動画の時代がそのうち来ると思っていたので、動画配信に目をつける（目的）ようになりました。そして、そのスクールで学んだノウハウで事業を1つ作ろう（目標）と決めて、スクールで学びました。結果として、そこで学んだノウハウで会社を新たに1つ作ったのです。

他にも目的はなんでもいいと思います。小さなことでいいのです。講演会やセミナー、スクールで学ぶことで、何か1つでも持ち帰って、自分の生活に取り入れましょう。それがあなたの人生を豊かにしていくために必要なことです。目標は高すぎても、人によっては長く続かない場合もあるので、低い目標がいいです。よく、目標は高ければ高いほどいいと言われますが、私はそうは思いません。なぜなら途中でつらくなって、せっかく学んでいるのに、辞めてしまうことがあるからです。

例えばですが、インターネットで稼ぐことを学ぼうと思った場合、いきなり月収100万円を目標にすると、つらくなるわけです。なぜつらくなるかというと、理想と現実のギャップで苦しくなるからです。どんなノウハウを学んだとしても結果が出るまでに時差があります。結果はすぐについてこないのです。これには個人差もあります。そのときの環境や、取り組むことができる時間がどれくらいあるか。人それぞれで違いますから。私の場合、「ゆくゆくは学んだことを生かして生計が立つぐらい稼ぐ、月に30万円ぐらい」。これぐらいあっさりとした目標を掲げ、日々継続しました。それぐらい低い方がいいわけです。もっと低くてもいいです。月5万円から始めてもいいと思います。

ほとんどの人は結果が出るまで継続することができません。**ゆったりとした目標で、継続できるようにすればいいのです。**今の生活をベースにムリのない目標を立てて、続けることができる。それが大事です。月収100万円というと、今の給料が毎月30万円の場合、簡単に計算すると約3倍は働く必要があるわけですよね。でもそれって現実的に考えて、可能でしょうか？　副業の場合はまずムリだと思います。であれば、ムリのないすぐにでも達成できそうな目標設定でいきましょう。

49

他人の期待には応えない。

他人の期待には応えず、自分の期待に応えましょう。

あなたは他人の期待に応えれば応えるほど、自分の時間を過ごしてはいないのです。

相手のご機嫌とりになっている可能性が高い。それはあなたが望む生き方でしょうか？

自分が自分に期待する人生は何かを考えましょう。私の場合、自分も含め家族が幸せであること。自分の実現したい仕事をやり抜くこと。今の目標は40歳ぐらいまでに１００冊の本を書き上げることです。そしてその本で、自分も含め家族や読者の方を一人でも幸せにすること。これがムリなく自分へ期待していることです。

私が他人の期待に応える人生を送っていたとしたら、そもそも営業マンにもならず、起業もしていないと思います。それでも自分の考えや直感を信じて進んできたからこそ、まったく後悔もないし、最高の人生だと思えています。ですので、私は**他人の期待に答える人生はすぐにでも辞めることをオススメします**。

例えば、相手からLINEが来たとします。あなたはそれにすぐ返信しますか？ していませんか？

さらに聞きます。

LINEやFacebookなど、ＳＮＳの通知がスマートフォン（以下、スマホ）の画面に来るように設定されていませんか？

V

設定している場合、あなたは他人の期待に応えようと努力されていることと思います。それはさぞかし大変な生き方でしょう。

すぐに通知設定をＯＦＦにしましょう。

私はどんな通知もスマホには表示されないようにしています。自分の大切なことに時間をあてるため、です。家族との時間、執筆の時間、投資の時間……。私は他人の期待に応えられるような環境に設定していません。優先順位の問題なので、自分の生活の中で、スマホを見る時間があるときに返信するだけなのです。そのため、緊急の対応などはまったくできません。家族と過ごすときは、スマホの画面はほとんど見ません。使うとしたらスマホで写真や動画を撮影するときです。ですので、もはやスマホを持つのもやめようかと考えているぐらいです。

一度やってみるとわかります。最初は少し不安に感じるかもしれません。しかし、すぐに連絡を返すのをやめると少し暇だなと感じます。何をしようかな、と。そうなったら自分の趣味ややりたいこと、大事なことに時間を充てればいいのです。お金を稼ぎたいなら副業をして、学びたいなら読書をして、ゲームをしたいならゲームをして。そして、たまに連絡を返す。

これで、**幸せな自己中の完成です**。自分の人生の時間をコントロールするすべを身につけたあなたは、後悔なく毎日を過ごすことができるでしょう。

私はみんながスマホにとらわれすぎていると感じています。目の前に人がいるにもかかわらずスマホの画面ばかり見て、今大切にすべき目の前の人を大切にしていないなーと感じる人が多いわけです。そういった意味でも、スマホを持たない生活というのはいいことかもしれません。

他人からアドバイスをもらった場合、他人の期待に応えることになっていないかを考えることも大切です。自分の心に正直に生きましょう。

50

何からでも誰からでも学ぶ。

何だかすごいと思える人や偉い人からだけしか学ばないなんてもったいないことで

す。

それは遠くばかりを見て、足元が見えていないのと同じだからです。そもそもお金を出して学ばなくても、もっともっと簡単に学ぶことができます。

目の前で起きることすべてが学びです。会社にいれば、後輩、同僚、先輩。家にいれば、両親、兄弟、パートナー、子どもたち。全員から学ぶことができます。自分の受け取り方次第で、成長へと結びつけられるのです。

・今日はよく赤信号に引っかかるなー、運転に注意しよう。
・ドライブをしていて渋滞にはまったのでイライラする。急ぐ用件はないので、もっと心にゆとりを持って運転しよう。
・友人が手術をすることになった、自分も健康に注意したほうがいいのかな?
・今日は7という数字がよく目に付くな~。どんな意味があるんだろう? ラッキーな日?
・今日は2歳の息子がぐずっているなー。体調でも悪いのかな? お腹空いたのかな? 抱っこ不足なのか?

こういった情報もすべて学びです。受け取った情報をどう生かすかだけなのです。むしろ生の情報なので、生かしやすいですよね。本を読んで、生活に生かすことの方がよっぽどコツがいると思います。これですべてが経験となり、最高の学びになります。

51

今いる会社で昇給したり出世するためにできることを全部やる。

お給料は会社からでています。そのお給料があるからこそ生活ができ、欲しいものを買い、趣味を謳歌できているのです。そのため、会社のトップを務める社長に感謝して貢献することが大切です。そしてそれを忘れずに日々働きたいものです。

会社に感謝を伝える方法は2つあります。直接言葉で伝えるか、結果で会社に貢献するか。この2択しかないわけです。できれば2つとも実践したいですね。ちなみに私は、サラリーマンのとき、たまたま社長と2人きりになる機会があったので真っ先に感謝を述べました。私は上辺だけではなく心から思っていました。いろいろな話をする中で、社長からアドバイスをもらうこともありました。上司に感謝を述べるのもいいですね、話しかけるときは、「いつも気にかけて頂きありがとうございます」から話すのもいいでしょう。そして自分で会社を経営するようになって思うのですが、社員の人に感謝を述べられたらやはりうれしいですし、その人を気にかけたくなりますし、ひいきしたくなるものです。それが人間です。感情の生き物なので、あからさまなひいきはしなくても気にかけるようになるものです。これは結果論なので、戦略的にやる必要はありません。本当に心から滲み出る感謝を述べるのはとてもいいことです。

結果を出すために、法律を守って人を傷つけなければ手段は問いません。今いる会社で出世するためにできることはすべてやるべきです。私はそうすることでいつもチャンスを掴み取ってきましたし結果を出してきました。今できることに集中するというのはとても大事なことなのです。そのため、結果を出して今より1つ上の職位を目指すというのは理にかなっているわけです。そして、会社から感謝され、お給料もアップして出世する。あなたにとっていいことづくめです。

1つ上の職位を目指すといっても、簡単なことではありません。みなさんご存知の通り、年功序列の体制が崩壊しました。会社に所属しているだけで出世する時代ではないわけです。職位が上がるためには、社内の信頼、実績、知識が必要になってきます。そのためには自分に合った手段で働いていくしかありません。心を平穏にして最高の結果を残していきたいですね。そしてその過程を楽しんでみましょう。

その観点から言えば、自分が最高のパフォーマンスを出して結果を残すために、ときには会社をサボって休憩するという手段も大事なのです。

サラリーマンは雇われではありません。**会社に自分という商品を売り込んで、契約を勝ち取った（入社した）自営業と同じなのです**。アメリカでは、サラリーマンはそのように認識されているそうです。私もそう思います。人生、自営業だと思うとわかりやすいでしょうか？　すべて自己責任なのです。そうであるならば、結果を出していくことは最低限必要なことなのです。

V

52

嫌いじゃないことは長続きする。

嫌いなことって長続きしません。「嫌いではないこと」は多くの場合長続きします。

ここで大切なのは、別に好きでなくてもいいということです。嫌いでなければいいのです。この仕事が嫌いという風になってしまったら、人生の幸福度が一気に下がるので、その仕事を辞めることをオススメします。さっさと切り替えていきましょう。

こういう話をすると、「仕事なんだから、仕事と割り切るのが大事ですよ」とアドバイスしてくる人がいます。でもそれって、極端な話、人間を辞めろと同義だと私は認識しています。なぜなら私たちは人間なので好き嫌いの感情があるわけです。それをなくせというのは、普通ならムリなのです。機械ならできるでしょう。できる人は感情を殺して演じている人です。心に蓋をしている人です。私にはその生き方はできません。そして多くの人もできないでしょう。

だからこそ、嫌いでなければいいと思っています。**好きでも嫌いでもどっちでもない、それぐらいがいいかもしれません**。

私はこれまでいろいろやってきましたが、続いたことは嫌いじゃないことばかりです。車の営業は好きでした、スマートフォン販売の中間管理職は嫌いでした、本を仕入れて販売するのは嫌いでした、ネット通販は好きでも嫌いでもないです、社長業は好きです、経理は好きでも嫌いでもないです、投資は好きです、執筆は好きです、子育ては大好きです、家事はどちらでもないです。

こうして見ると、続いていることって結局嫌いじゃないことなのです。

何でもムリに好きになる必要なんてないのです。黒白ではなく、グレーをとって嫌いじゃないとする曖昧な感情もいいと思うのです。そんな考え方もあると、柔軟な発想で長続きするかもしれませんね。

V

53

意見を言いすぎない。

自分の意見を言いすぎないようにするのが賢明です。これは仕事でも私生活でも同様です。

私は考えていることの1割程度も人に話しません。**意見を言いすぎることにメリットを感じないからです**。しかしデメリットは豊富にあります。特に、熱くなりやすい人ほど注意しなければいけません。すぐに喋りすぎてしまうからです。そして何より意見を言いすぎる男は、かっこよくないからです。

パートナーや親とケンカしたときなどは、お互いに意見を言いすぎてしまいがちです。その場合は議論を避けるべきです。お互いにメリットがないので、すぐにその場を退散しましょう。そして落ち着いたときに必要な話だけすればいいのです。

営業マン時代に、「もっとお客さんと喋ってこい！」と毎日言われました。しかし、私には理解できませんでした。なぜなら、喋りすぎる営業マンはダサいし、お客さんのその日の機嫌によってはあまり話したくない人もいると思ったからです。私はお客さんのその日の調子に特に注意しました。一呼吸おくといった感じでしょうか。とにかく喋りすぎない、意見を言いすぎない。お客さんが機嫌よく話してくれるのであれば、そのテンションに合わせるといった感じで営業しました。お客さんの調子を気にしているうちに、お客さんの対応というものがだんだんとわかってきます。そうなるとどう接すればいいのか見えてくるわけです。結局、必要なときに必要なことを喋る営業マンがいちばん売れるし、かっこいい、という結論に至りました。

車の販売なので車の説明をするわけですが、私はほとんど説明しません。なぜなら個々のお客さんによって、車のどこを気にしているのかが違うからです。車そのものよりも他のことを気にしている場合もあります。そのため必要な部分だけを説明するわけです。喋りすぎには注意が必要なのです。

では、逆にしゃべりすぎるとどうなるのか。

お客さんは、

「この人、買わせたいだけなんだ。私とは合わないな」

こうなるわけですよね。積み上げてきた信頼が一瞬で崩れます。喋りすぎは百害あって一利なしです。そうなると、もう買ってくれなくなります。この人からはもう買いたくない、売り込んでくるから。そういう心理になるわけですね。

喋りすぎて意見を言いすぎる。これは生きていく上で非常にもったいないことです。

54

クレジットカードを使わない。

手元にお金がないのに使ってしまう。

それが起こり得てしまうのが、クレジットカードです。だからこそ、クレジットカードの取り扱いには十分注意する必要があります。クレジットカードがあたりまえに使われているわけですが、自分のお金を徹底して管理できない人はクレジットカードを使わないほうがいいです。オススメはデビットカードやプリペイドカードです。最近では、こういったカードでもポイントがついたりするのでお得です。

　私はネット通販をしていたとき、クレジットカードを使い年間で数千万円ほどの商品を仕入れしていました。もちろんそれだけ使っていたので、クレジットカード会社からは特別待遇のようなものもありましたが、メリットはそれだけです。それ以上に、お金の管理がとても大変でした。クレジットカードは使うほど、毎月の使用できる枠が増えていきます。私の場合、数百万円の枠があるのが普通になっていました。そのため、今ある現金以上に仕入れができてしまうわけですね。使えば使うほど深みにはまってしまいます。だからこそ、取り扱いには注意が必要なのです。

　そして、クレジットカードを使い倒してわかりました。私のように、ストレスなくお金の不安をなくしたい方はクレジットカードを使わないほうがいいのではないか、と。その後、クレジットカードを使うのをやめました。そうすると、何ともいえないすごい解放感なのです。支払いに対する不安や恐怖も一気になくなり、この日までにいくら口座に入れておかなくてはというストレスが断然減ります。そして、今あるお金の中でどうするかを考えることができるようになります。

　クレジットカードはいわば、個人の信用を担保とした未来からの借金なわけです。

V

それは、返すあてもないお金を借りことになる可能性もあるということを常に念頭におく必要があります。

また、スマートフォンもそうですが、クレジットカードもなくても生活ができます。なくてもいいものなら必要なものではないので、さっさと捨ててしまえばいいわけです。もっと楽に生きることができるのであれば、それがベストなわけですからね。

今、手元にないお金を使わない。これを徹底できる人は、クレジットカードを使いましょう。少しでも自信がなければ、今すぐ解約してしまいましょう。それだけでお金に対する不安を減らすことができます。

55

給料の配分を考える。

命をかけて仕事して、稼いだお給料をどのように使っていますか？

もしかして何も考えずに使っていませんか？　そうだとしたら非常に損をしています。

どうしても私たちは、現代の企業の考え抜かれたマーケティングによって、消費を促されています。そのため、自然と収入＝消費になるまでお金を使ってしまいがちなのです。もちろん、収入がはるかに多い場合は、この法則に当てはまらないのかもしれません。しかしながら、あらかじめ給料をどのように配分しておくのかを決めておくことは大切で、そうすることで自分で稼いだお金を守ることができます。

私が実践しているのはこの本、『バビロンの大富豪「繁栄と富と幸福」はいかにして築かれるのか』（グスコー出版）に書いてあります。**まずは1割貯金、2割で返済、7割で生活する**、というものです。そして貯金は、必ず元本を割らないように管理していきます。例えば、給料が30万円なら、毎月最低3万円貯金（投資）、6万円で奨学金や車・家のローンを払う、残り21万円で生活する。貯金の3万円は増やすことはあっても減らすことはしてはいけないのです。そして生活費もムリに使わず、余ったら貯金（投資）に回すのがベストです。たったこれだけのことで、自分たちのお金を守ることができます。こうして、次第にお金がたまっていき、心も満たされていきま

V

す。この簡単なことからまずは始めてみることをオススメします。

誰でも簡単にお手軽に始められます。起業や副業を始めるよりも、簡単にお金が貯まっていきますよ。

『1億円貯める方法をお金持ち1371人に聞きました』（文響社）に、期待資産額という考え方が書いてあります。

期待資産額＝年齢×0・112×所得

で算出できます。例えば、29才で年収500万円の場合、

29（才）×0・112×500（万円）

という計算になり、1624万円になります。これが年収500万円稼いでいる29才でこれぐらい持つといいなという資産です。この計算式を元に貯金したり、投資したりするのも面白いかもしれませんね。

V

VI

人生にＳＮＳは不要

56

人生「許す」がすべて。

人生どれだけ許せるか、だと思います。許した分だけ、心が楽になり豊かになります。もちろんすべてを許せというわけではありません。世の中に、許してはいけないこともありますので。

営業マンのときに他の営業マンに自分のお客さんを横取りされた、プロジェクトが途中で頓挫した、仲間・役員が音信不通になった、売上５００万円が回収できなくなった……など。すべて私の実例です。こんなことがあっても相手を許してきました。

仕事もそうですが、家庭でもよくあるわけです。靴を揃えていなかった、電気を消し忘れていた、戸締りをしていなかった、それだけで私は気になってしまいます。

毎回理解できないことでイラっとして怒っても消耗するだけで無意味です。そのとき心の中でこう唱えています。

「とりあえず許そう。向こうにも何か事情があるのかもしれない」

そうすると見え方がガラッと変わります。『ものの見方検定「最悪」は0.1秒で「最高」にできる！』（祥伝社）がとても参考になりますので書いておきます。不思議と、イラっとした感情がどこかへ行ってしまうわけです。そして事態が大きくならずに済みます。

周りを許せるようになると、結果としてどうなるのか。それは自分をも許すことができるようになります。

・失敗した自分を許す
・会社をサボってしまった自分を許す
・お酒を飲みすぎた自分を許す

私はまずは周りの人を許すことで、自分を許すことができるようになると思っています。仕事をしている方は肩肘を張って働いている人が多いと感じています。その状況で、まずは自分を許しましょうと言ってもなかなかできません。当の私がそうでした。いきなりは自分を許すことができません。そういうときは、他人のちょっとしたことを許してみることから始めるといいかもしれません。もちろん自分↓他人、の順にできる人はそれでいいと思います。私が出会った頑張り屋のみなさんは、他人のことを許せても、自分のことは許せないという人が多いと感じています。あと一歩、自分を受け入れることで自分を許すことができるでしょう。その場合、鏡で自分に向かって「今までよく頑張ったな」と何度も唱えてみましょう。涙が出てきてスッキリするかもしれません。そして徐々に自分を受け入れていくことができるでしょう。

まずは、**ほんの少しでいいので許せる範囲から許していけばいい**のです。

周りの人・家庭・仕事・そして忘れてはいけないのが自分、です。何より自分を許してあげましょう。そして平和な人生を送りましょう。

大切な人とケンカしそうになったら ひたすら逃げる。

大切な人だからこそケンカしない。私がケンカを避ける理由です。

仲がいいほどケンカする。これはその通りなのでしょう。なぜなら相手の良いも悪いも見えてしまうからです。私が思うに、何よりも距離感が近いからだと思います。

ケンカを未然に防ぐには、この距離感が重要だと私は考えています。距離感には2つあります。

それは、物理的か精神的かです。

物理的な距離感は、一緒にいる時間のことです。遠距離恋愛であれば月に数回会う、家族であれば毎日顔を合わせる、夫婦であれば1日5時間は一緒に過ごしているなど。

精神的な距離感はＳＮＳ、物理的距離感以外の感覚的なものです。感覚に左右される面も多いのですが、ＳＮＳで連絡を取っているかとか、自分の頭の中で、その人のことをどれぐらいの割合が占めているかです。

ケンカの多くはこの２つに分類できると思っています。この２つのバランスを意識することでケンカを防ぐことができます。意識することは、

〝**お互いの心地よい距離感を保つようにする**〟です。

物理的な距離が原因なら、会う回数や話す回数を増減させてみる。精神的な距離が原因なら、連絡を取る回数を増減させてみる、自分の趣味にあてる時間を増減させてみる。ここでポイントがあります。それは相手を変えようとしないこと、です。自分でできることに焦点をあてて対策を練りましょう。

それでもケンカが起きる場合は避けるしかありません。とにかくケンカは避けましょう。前向きで建設的なものならばいいでしょう。しかし言い合いや怒鳴り合いは避けるべきです。お互いに傷つけるだけで終わってしまうことが大半だからです。感情的にケンカしてもメリットはありません。大切な人を、そして自分を傷つけないためにも、**逃げるが勝ちなのです**。

一人で起業する。

もし個人で起業するなら一人で起業するのがいちばんです。

最初の起業は不安なことや心配なことも多いでしょう。それでも負けずに一人起業です。何よりストレスがいちばん少なく、自分のやりたいようにできます。

やめておいた方がいいのは、身内、友達、後輩、と起業することです。ほとんどの場合何かしらもめます。私には一通り経験があります。

ベストなのは、まずは一人で起業すること。よっぽどじゃない限り、他人と起業するということは考えない方がいいです。最近、書店では一人起業のススメという本が置いてありますね。まったく読んだことはないですが、一人起業がオススメです。もし共同で起業するとしたら、自分が取り組んでいるビジネスの延長線上にいる人です。それでもかなり慎重になります。なぜなら性格も違うし、ビジネススタイルも違うの

で、自分と相手があまりにもかけ離れているかもしれない場合、衝突が多くなってしまいます。だからこそ何も考えず自分でやりきる方がいいと思います。

まとめますと、

1、まずは一人で起業
2、自分の取り組んでいるビジネスの延長線上にいる人
3、相手も自分でビジネスに取り組んでいる

まずはこの条件がそろって初めて検討に入るわけです。もちろん運命の出会いというのはあるので、直感ですぐに意気投合する人がいるかもしれません。その場合でも、冷静に立ち止まって考えてみましょう。私はこれで何度か失敗した経験があります。こればっかりは直感が通用しないこともあるのです。

私がいちばん失敗したなと思うことがあります。それは、役員のうち1人と音信不通になったことです。

一緒に起業した仲間と、ある日いきなり音信不通になってしまったのです。途中か

ら気になることはありましたが、そのときに役員を解任するべきでした。なぜなら、3人で合同会社を作ったのですが、そのうちの1人が今でも音信不通なのです。連絡も取れず、住所も変わっているので、連絡手段がありません。合同会社のため、役員を解任するには、なんと裁判所での訴訟による除名しかないのです。手間もお金もかかり、何せ訴訟なのでいい気分ではありません。元々一緒にいくつかビジネスをしたこともあり、仲も良かったのでびっくりしています。しかし、人間何が起こるかわかりません。音信不通にならないようにもできるのでしょうが、そこまで手を打つのもかなり手間なので、それだったら一人で会社を経営して、お金を払って仕事を依頼するぐらいのスタンスの方がはるかに楽です。依頼して音信不通であれば、お金の消耗だけで済みますからね。それで終わりなわけです。一緒に起業するにはメリットもデメリットもあるので、しっかりと押さえなければいけません。そのため起業初心者にはオススメしません。

59

車は中古車しか買わない。

私の認識では、家族で命を乗せて走る大切なモノ。それが車です。

しかし一方で、現実的な目線も持ち合わせています。細かい話、資産という観点は置いておいて私の中では車は消耗品という位置付けです。

車は新車で購入した途端に価値が2〜3割落ちる。これは一般的に言われている話です。車という消耗品にも関わらず、買った途端に価値が下がってしまう。こんなにもったいない消費はないわけです。新車で300万円の車が、買った途端に200万円ちょっとの価値に落ちてしまう事実。私は今まで5台の車を所有してきました。20代にしては多い方ではないかと思っています。仕事のおつきあいで、新車を一度だけ購入したことがありますが、それ以外は中古車です。

メルセデスベンツのCクラス。日本でもたいへん人気な車です。新車価格は500万円から高いもので1000万円を超えてくるわけですが、中古になると途端に、未使用1年落ちでも350万円前後であります。今回はわかりやすい例を出しましたが、中古車には結構価格差があります。

もちろん新車を買うのは悪いことだとは思っていません。どうしても新車じゃないと嫌だという人をたくさん知っています。しかし私は、消耗品という観点で捉えるので中古車の方がお金を節約できていいという話なだけです。また私はせっかちな面もあるため、早くて1週間で納車できる中古車が好きなのです。

会社経営をしていると、節税対策としてオススメされる車の購入。減価償却のことを考えて新車にしがちですが、中古車でも十分な節税対策になります。新車だと6年、中古車だと車次第ですが数年以下の耐用年数での計算になります。節税で車を買えるぐらい稼いでいるとどうしても気が大きくなりがちですが見栄で車を買うのは避けたいところです。新車やリースの購入はやめて、できれば中古車でリーズナブルな車の購入をオススメします。しかしここでの注意点は安すぎない車を選ぶということも挙げられます。安すぎると逆に修理や故障でお金がかかりますので。先のことを見据えて節税をしても、会社経営は不確かなものなので何が起きるかわかりません。程よい

節税が大事です。少し余談になりましたが参考になれば幸いです。

60

あなたは生きているだけで素晴らしい。とりあえず生きてみる。

何をしてもいいし、何もしなくてもいい。
頑張ってもいいし、頑張らなくてもいい。
幸せでもいいし、不幸せでもいい。

人生を客観的に捉えるなら、なにごともどっちでもいいのです。
人生を俯瞰してみると、最後のときまで自分の人生をまっとうすればそれで満点なのです。もちろん、できれば幸せの方がいいですけどね。しかし、幸も不幸もどっちでもいいのです。

私は失敗の経験が人一倍多いことはすでにお話ししました。そのため、ひどく失敗したときに死にたくなることは何度も何度もありました。借金を抱える、家族と仲が悪くなる、友人と疎遠になる、会社を倒産させる、裁判所から何度も出頭命令が届く、国税からたびたび連絡がくる……。しかし自分の人生を俯瞰してみたときに、もう生きていれば何でもいいいんじゃないか？　と気づきました。それ以外は大したことじゃないぞ、と。生きてさえいれば、愛する妻や子どもたち、親、友人に会えるわけですからね。人は経験しないとなかなか気づけないことが多いのです。しかしながら読者のみなさんには、「**生きているだけで素晴らしい**」のだと、頭の中に刷り込んでほしいのです。何が起こっても、自分は生きているだけで素晴らしい存在なのだと。もしそうなれば、怖いものってほとんどなくなりませんか？　私は自分や周りの人が元気なら何とでもなると思っています。

みなさんはいろいろなことに悩んで苦しんでつらい思いをして……。さまざまなことがあったことと思います。それでもあなたは生きているだけ1億点。そして、どう

せ人生どっちでもいいなら、ちょっと楽しい方をやってみよう。一度の人生、悔いなく、自分の判断を信じてほしいのです。自分に失望しないで、とりあえず生きてみましょうね。

61

みんなが休んでいるときに働き、みんなが働いているときに休む。

大人になってからの、人の能力なんてさほど変わりません。

では、どこで差がつくのか。それは**みんなが休んでいるときに何をしているか**です。

働いたり、勉強したり、何かに取り組むということ。

みんなが夜に飲みにいったり、部屋でゴロゴロしてテレビや YouTube を見ている間に、自分が成長することに時間をあてることです。本を読んで勉強したり、副業に取り組んだり、筋トレしたり。このわずかな差が、**時間が経つにつれて大きな差になっていきます**。

仕事から帰ってきて、ぐーたらして次の日を迎える。世の中の人の9割以上はそういった過ごし方をしていることでしょう。そういう人たちのおかげで、私たちは結果を出していくことができるのです。私たちは自分の自己実現の時間にあてていきましょう。知らないうちに微差が大差になっていることでしょう。『微差力』（サンマーク出版）より。少しでも差をつけたい人は、休みの時間に何をするかが大事です。昼休みの時間に一人で過ごすのもまさにこの考え方をベースにしています。

また長期休暇のとき、どうするか。これも大事です。年末年始などの長期の場合、自分の時間を確保しやすいので、そのときに何をするかです。こたつに入ってみかんを食べるのはほどほどにして、自分のために第一歩を踏み出すと、いいことがあるかもしれません。努力するのは、人が見ていないときがベストなのです。

62

どんどん蓄積して習慣化する。

学びを習慣化しようという話をこれまでしてきました。

学びが習慣に変わり始めたら、それを蓄積しましょう。私は使えそうな学び、習慣をノートに書き、手帳には守る習慣を書いています。オススメは、毎日見て清書することです。そして、どんどん習慣を増やしましょう。それはあなただけのかけがえのない財産になるはずです。

より良い習慣であなたは形作られていきます。最初は簡単なもので大丈夫です。できればそれを、テーマごとに分けていくと面白いです。

例えば、私でしたら仕事、夫婦、主夫、お金、引っ越し、投資など、テーマを設定し、習慣を蓄積しています。こうすると自分の習慣を把握しやすく、守ることができます。余裕ができればもっと細かく分類するのもいいです。

そしてその習慣を守りながら、よりよい新しい習慣を追加していくわけです。ここで大事なのは、この習慣合わないな〜と思ったら、さっさと消していくことです。あまり固執せずに、柔軟に対応していきましょう。

これであなたはブレない人間になります。なぜなら**自分ならではの指針が手元に出来上がるから**です。これで迷ったときに悩む時間が極端に減ることでしょう。

また、迷いや悩みが出てきたときこそ、この習慣を増やしていくことが効果的です。その問題はあなたにしか起きないし、なぜか繰り返し起きるものだからです。習慣化することで同じ過ちを防ぐこともでき、時間も節約できて、いい判断もできて一石二鳥です。

63

噂・陰口・悪口を言う側から、言われる側になろう。

噂や陰口、悪口を言われる人。それはあなたにしかない魅力があるからです。周りを引きつける何かを持っています。それはつまり能力なのです。言われるときって大抵、あなたがあなたらしさを出したときではないでしょうか？

私はまさにその典型です。今も昔も、言われてます。昔は髪の毛が天然パーマというだけで嫌がらせも受けましたし、悪口も言われたものです。いまだにそのことをいじってくる人もいるわけですが……。でも、それって魅力なんですよね。なぜなら、社会人になってからは天然パーマであることを褒められてばっかりなのです。おしゃれな髪型だねとか、どうやってパーマかけたの？　とか。

たまに陰口が聞こえてきたりします。被害妄想ではないですよ。病気でもないです（笑）。なぜか風の噂で流れてきて、聞こえてきます。なぜでしょうね。

でも、いつも思います。

「言う側じゃなくてよかったな」って。

いつの時代も、**挑戦している人は言われている側の人**です。最近ではYouTuberという職業が脚光を浴びていますよね。しかし、彼らには必ずアンチが存在します。ひどい言葉を使って本人に、誹謗中傷したりするのです。ときには犯罪まがいのこともします。そして、私の場合もそうです。私にもアンチがいっぱいいます。その人たちには何の迷惑もかけていないし、関わったことすらない人なのに、です。世の中に幸せな夫婦を増やそうとYouTubeで動画を配信していた時期があります。それだけでアンチがとてもひどい言葉を使うわけです。面と向かって言ったら、間違いなく人が傷つく言葉をです。

噂や陰口や悪口を言う人は、他人を蔑むことで自分が居心地のいい環境をつくるのです。アンチには行動力はあるのですが、人生を「よくするため」の行動力が欠けていると思っています。人の嫌がることには行動力を発揮するのに、自分を幸せにしよ

VI

うとしてあげられない……。その行動力を少しでも自分の幸せのために使えばいいのに、と思ってしまいます。

なるなら「言われる側」。

やるなら自分にとってプラスになる行動を。

64

人生にＳＮＳは不要。

自分の人生でやるべきことに集中している人はむやみにＳＮＳを使うことはありません。

ＳＮＳで情報を発信している人には2つのパターンしかありません。暇つぶしか、なんらかの利益を得るためか、どちらかだけです。今の私は後者です。

私はどちらも経験があります。大学生のころは暇つぶしにやっていました。本当にムダな時間でした。また、SNSの発信だけで1日200万円ほど稼いだこともありますが、もちろん簡単ではないですし、すぐに結果が出るわけでないのです。無料で稼ごうと思ったらそれ相応の時間もかかるし、やり方もあるのです。ですから素人が容易に真似できるわけではないと思っています。

つまり、私がお伝えしたいのは暇つぶしでTwitterやFacebookなどのSNSを見たり書き込んだり、利用するのはやめようということです。それよりも今できることに集中した方がいいと思います。それでも漫然とSNSを見てしまう場合は、思い切って退会するものいいでしょう。

なぜなら**自分の生活を発信して周りの人に知ってもらったり、人の情報を受け取って時間を浪費することに必要性があるかを考えてほしいから**です。

それらに毎日どれぐらいの時間を使っていますか？　1日1時間だとしても年間365時間、他人のために時間を使うことになります。自分の人生なのになんと損していることでしょうか。そもそも必要がないと思いませんか？　もちろん、この人の情報だけはどうしても知りたいという人をフォローするのはいいかもしれません。なぜなら、自己実現などで自分に役立てるための勉強と捉えることができるからです。

その観点なら活用すべきです。それ以外は注意しましょう。自分の時間を生きるように。お金を搾取されるとわかっている前提で、その人の情報を取るのなら別に問題ありません。

そもそも論として、ＳＮＳは一企業のサービスにすぎません。企業のマーケティングによって、みなさんの時間を消費させられているのです。不要な広告を見せられて。なくても究極的には生きていけます。だったら極力時間を費やすのをやめましょう。

ＳＮＳはやらずに今やるべきことに集中するのがベストだと思っています。今生きる上で必要な情報なら入手してもいいでしょう。でもそれ以外ならやめることをオススメします。

65

すごいことより今できる継続をしよう。

・楽して稼げますよ。あなたは毎日遊んでるだけでいいです。
・この権利を持っているだけで、毎月不労所得が入ってきます。
・この投資システムなら、入金するだけで毎日お金が増えますよ。

こんなものはすべて幻想です。楽して稼げることは決してないからです。あるとしたら、それは日々絶え間ない努力をして、仕組みを作った側の人間でしょう。それ以外ありえません。

私は、何度かだまされに行ったことがあります。だまされるのもわかっていたし、ただただ仕組みを理解したかったので、潜入したことが何度もあるのです。投資詐欺に遭い、20万円が10万円になったこともあります。しかし参加しながらも、本気で信

VI

じて取り組んでいる人たちはかわいそうだな〜と思っていました。なぜならそんなおいしい話は100％詐欺だからです。いい大人が、この手の話に乗っているのをみるととても残念に思います。いい加減気づけ、と。あなたの貴重なお金をそんなことに使っていいのか、と。

人はどうしてもすぐに結果を求めたがり、何かを手に入れれば人生が変わると思っています。しかし、そんなことはないということを理解しておく必要があります。そうすれば詐欺に引っかかることもないからです。結果を出してきた人は、日々の継続の賜物なのです。結果が出るのはいつかわかりません。それでも自分を信じて、右往左往しながら突き進んできた人たちなのです。

だから成功者の一側面だけを見て、真似するだけでは足りないのです。SNSで毎日遊んでるような写真を投稿する人たちの真似をして、毎日遊んでるような生活ではいけないのです。集客のためにやっているだけなのですから。その人はどうすればみんなが見てくれるように撮れるかを日々考えているのです。どうすれば魅力的な写真を投稿でき、顧客になってくれるかを考えています。そう、日々研究して研究して継続をしているのです。その写真を見て、いいな〜こうなりたいな〜と思って楽をしたい人たちが集まり、発信している人にお金を払っているのが現実です。99％以上が、同じようにはなることはありません。ただし、何もしない人よりはいいかもしれません。なぜなら自分の人生を変えようと挑戦しているからです。

結果を出すためのいちばんの近道は、今できることを継続することなのです。私の知り合いに悪いことをして結果を出す人もいました。しかし、それは一過性のものです。半年ほどすれば、業界から消えてしまうのが常なのです。最初にも最後にも、残るのは、日々継続して取り組み、実力をつけた人です。

営業であればお客さんと日々誠実に接する、ブログであれば毎日コツコツと記事を書く。動画配信なら毎日配信する、ネット通販であれば良い商品を日々仕入れる。嘘偽りなく、誠実に取り組む必要があります。

誰かの真似をする場合、有名な人の真似をすれば成功するとはかぎりません。むしろ成功しません。それは、人間が違うし、考え方が違うし、やり方が違うからです。中途半端に真似をしても結果はついてきません。やるなら徹底的に学ぶ必要がありま す。何十回も学びにいき、カバン持ちをしたりして近くで学び、本質を理解して、自分ができることを継続する必要があるのです。

エピローグ

最後まで読んでいただきありがとうございます。

本書が少しでもみなさんの力になれたのなら、著者としてこんなにうれしいことはありません。さまざまなことに挑戦してきてよかったと思います。

思うことはいろいろあるでしょうが、私の話を信じても信じなくてもどちらでもいいと思っています。どんな考え方も正解だからです。みなさんがそれぞれ思うことが正解です。そんな自分を信じて、愛してあげてください。それでいいのです。

この本を出版するにあたって、完成まで2年ほどかかりました。

まずは愛する妻、愛する子どもたち、両親へ、いつもありがとう。

みらいパブリッシング様には多大なる感謝を申し上げたいと思います。不思議なご縁で出版のお誘いをいただいた副社長の田中さん。いつも優しい言葉をかけてくれた松崎社長、そして編集担当のみなさま。携わっていただいたみなさま。ありがとうございます。

この本を通して、みなさまの世界に灯りがともることを願ってやみません。そして、みなさまがご自身の可能性を信じて生きていくことができたのであれば、著者として幸せです。一度きりの人生、悔いなく、楽しく生きたいものですね。生きてさえいればなんとかなるものなのです。そしてみなさんにこの言葉をお送りします。

みなさんは何をしてもしなくても最高です。
みなさんは何をしてもしなくても成功します。
みなさんは何をしてもしなくても生きる価値があります。
みなさんには何をしてもしなくても幸せしか訪れません。

結局どんな人生でも最高なんですよ。
本当にありがとうございました。次回作でお会いしましょう。

2020年4月21日　行きつけのマックより　宗信徳志

宗信徳志（ムネノブトクシ）

主夫、作家。大学卒業後、大手自動車メーカーのディーラーに営業職として入社。 半年でトップセールスマンとして活躍。23歳の若さで独立。家庭教師、塾、経理の業務委託、そば打ち、農業、経営コンサルタントなど勢力的に活動するが、健康に気遣い1年で廃業。 日本を放浪。その後スカウトされ、大手IT系ベンチャー企業に部長補佐として 入社。秘書、統括部長代理などを歴任。大阪支社、新会社立ち上げに携わる。25歳で独立・起業。ネット通販で毎月 300 万円を売り上げる。27歳で、代表取締役に就任。社員が自分だけで、１期目に年商 5000 万円。スクール運営、教育、コンサルタント、投資や執筆も始める。より良い人生とは何かを追求する「人生を良くする会」の運営を始める。翌年、2人の経営者と新会社を設立。現在は、主夫業に専念。家事と2人の息子の育児の合間に執筆、ラジオ、講演会、投資やトレーダーとして活躍している。日々、自分と家族、周りの人の幸せを追求。 著書に『THIS IS A HAPPY BOOK』（tomorrowland books）『死ぬ価値なんてないよ？』他多数。
（本データはこの書籍が刊行された当時に掲載されていたものです）

ブログ：https://ameblo.jp/munetoku
facebook：https://www.facebook.com/munenobu.tokushi/
メールアドレス：munenobutokushi@gmail.com
感想やファンメールは24時間365日お待ちしております（笑）

人生にSNSは不要

幸せの扉を開く自己中からのメッセージ65

2020年5月24日　初版第1刷

著　者　宗信徳志
発行人　松崎義行
発　行　みらいパブリッシング
〒166-0003 東京都杉並区高円寺南4-26-12 福丸ビル6F
TEL 03-5913-8611　FAX 03-5913-8011
編　集　ビジネス書編集部
ブックデザイン　洪十六
発　売　星雲社（共同出版社・流通責任出版社）
〒112-0005 東京都文京区水道1-3-30
TEL 03-3868-3275　FAX 03-3868-6588
印刷・製本　株式会社上野印刷所

ISBN978-4-434-27478-7 C0095